U0454965

凯文·劳伊中国行精彩瞬间

梦想做得到
加利利科技
永恒领导力
2015 生命传播系列
夢想做得到

激励演讲

BASKETBALL CAMP
Nothing

41

Nothing
is
梦想做得到
3v3篮球赛
梦想做得到
24
41
14

梦想，做得到
3v3篮球赛，激励演讲

梦想做得到

缺而不失

NCAA首位独臂飞人的风雨篮球路

[美] 凯文 · 劳伊◎著

王凡◎译

海天出版社（中国·深圳）

图书在版编目（CIP）数据

缺而不失 ：NCAA首位独臂飞人的风雨篮球路 /（美）劳伊著 ；王凡译. — 深圳 ：海天出版社，2016.5
ISBN 978-7-5507-1614-8

Ⅰ. ①缺… Ⅱ. ①劳… ②王… Ⅲ. ①劳伊，K. —自传 Ⅳ. ①K837.125.47

中国版本图书馆CIP数据核字(2016)第084704号

缺而不失：NCAA首位独臂飞人的风雨篮球路
Que'erbushi：NCAA Shouwei Dubi Feiren De Fengyu Lanqiu Lu

出 品 人　聂雄前
责任编辑　许全军　南 芳
责任校对　李小梅
责任技编　梁立新
装帧设计　知行格致

出版发行　海天出版社
地　　址　深圳市彩田南路海天综合大厦7-8层（518033）
网　　址　http：//www.htph.com.cn
订购电话　0755-83460202(批发) 83460239(邮购)
设计制作　深圳市知行格致文化传播有限公司　Tel：0755-83464427
印　　刷　深圳粤丰华印务有限公司
开　　本　889mm×1194mm 1/32
印　　张　6.75
字　　数　80千字
版　　次　2016年5月第1版
印　　次　2016年5月第1次
印　　数　1-9000册
定　　价　29.80元

亲爱的 ______________________

______________________ 敬赠

我靠着那加给我力量的，凡事都能做。

——《腓立比书》第 4 章第 13 节

插画：王兆玺(Charles Wang)

目 录 Contents

推荐文一

劳伊印象记

刘 屏

（台湾“中国时报”驻美国华盛顿特派员）

全场欢呼声中，身高 211 厘米的凯文·劳伊登上舞台。待掌声静下来，他告诉观众：“请大家站起来，我们一道表演‘YMCA’。”

YMCA 是美国青少年最常见表演动作之一。两手向上伸，向外展开，就是 Y。可是劳伊摆不出 Y 字。因为他是独臂，左上肢只到手肘。

观众事前知道劳伊是独臂，可是当大家目睹他只能摆出个“√”时，仍然不免发出带着叹息的“喔”声。

劳伊自己倒是笑了。他要大家继续摆出另外 3 个字母，他自己也一个一个做，尽管每个都做不完整。

不错，他每个字母都做不完整；但是，这一切的不完整，却让别人变得更完整。不论是认识他，或是聆听过他演说，或是读过他的故事，或是看过电影《Long Shot：The Kevin Laue Story》（中文译为：《远投——凯文·劳伊的故事》）的人，都从他的奋斗里得到激励。

★★★★

劳伊在很多方面都看见上天对他的独特设计。当年星探公司说他的特色之一是“起跳得比一般人快”，加上身高，使他无论是防守、进攻，都“立即可以提升全队实力”。

他的手脚也特别大。念高中时，校队队友就注意到他“一只手仿佛有别人两只手那么大”。他的脚有多大？当年NBA巨星“天勾”贾巴尔（Kareem Abdul-Jabbar）身高7英尺[①]2英寸[②]，相当于218.4厘米。鞋子穿16号，脚尖到脚跟的长度31.8厘米。劳伊身高比贾巴尔矮7厘米，但鞋子穿17号，相当于33.02厘米。

一般美国鞋厂的最大尺码只到16号。只有很少数厂商生产17号的鞋子。美国男鞋的平均尺码是10.5号，相当于27.3厘米。劳伊的大脚可以想见。

---

①1英尺≈0.30米，后文同。

②1英寸≈2.54厘米，后文同。

★★★★

那天，劳伊在清晨4点半接到简讯，外婆在加利福尼亚州过世了。他一直哭到6点，然后告诉每一个人：珍惜你所爱的；珍惜爱你的。

访谈完毕，劳伊的下个行程是弗吉尼亚州的福克联合军校（Fork Union Military Academy），

刘屏与凯文·劳伊合影（凯文·劳伊摄影）

他要去探望昔日教练。

那天在会场，他一再感谢老师，“如果没有你们，我今天不会站在这里”。他细数多位老师，从小学开始，结论是：“我之所以能够成长，唯一的原因是因为老师们没有放弃我这个问题学生。”他几度请在场人士向老师鼓掌，最后请所有老师起立，接受全场致敬。

★★★★

劳伊的母亲经常引用《腓立比书》第4章第13节“我靠着那加给我力量的，凡事都能做”勉励他。

劳伊说，随着年龄渐长，他逐渐体会到亡父当年的心境，也觉得父亲“在天上，一字一句向我说话”。

这令我想起一位已退休的美国运动员的故事。他的父亲失明，但是总要到球场为孩子加油，给他莫大鼓舞。后来父亲过世，丧礼后的第一场比赛，队友说："今天没有父亲在场，可以放轻松些吧。"他回答说："今天起，更要全力以赴，因为父亲开始'看'我比赛。"

劳伊相信："对我们每个人，上天都有独特的计划，对你，也一样。"

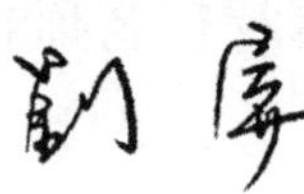

缺而不失

邱晓榕

（深圳永恒领导力文化传播有限公司 董事长）

凯文的生命故事非常激励我，当我和身边的人分享时，也同样激励着他们。

凯文虽然表面上缺少一只手臂，但他凭着坚定的信念与努力，让我们今天看到许多美好的事情发生在他身上。凯文“缺而不失”的人生，教导我们不再定睛在自己的“缺失”上，要善于找到自己的独特与闪光点，这样就会发现自己得到的比失去的更多。我们的社会，总是缺乏这种认识，但这恰是我们所需要的，接纳上天给你的样子，你会发现原来每个人都是独一无二的。

我是两个孩子的妈妈，深知这个时代的年轻人需要什么，而现在的教育方式大多是说教，孩子们并不喜欢，更不会接受。自从接触到凯文，看到、听到他的故事和奇迹，便下决心邀请他过来，与中国的年轻人分享，让他的故事鼓励我们国家的年轻人，将他生命的正能量借着各种不同的渠道，尽量地传播出去。

我的两个女儿去年也是凯文中国之行的义工，在短短的20多天的过程中，她们重复地听着凯文的演讲，并亲眼见识到他和队友在球场上过人的球技，这些一次又一次冲击着她们。

特别是15岁的小女儿，她告诉我，她也要像凯文一样，成为有梦想的人，不单自己要去追梦，也要帮助别人成就他们的梦想。看到这样的回报，作为母亲，真的要感谢凯文。

记得去年凯文在浙江大学演讲结束后的第二天，我们陪他在西湖游玩，偶遇前一晚在现场听演讲的大一新生，他激动地告诉凯文，因为昨晚他听到凯文的故事，他的人生找到了方向。我们相信不仅是学生需要，社会更需要凯文所传递的正能量，我们希望鼓励一群迷失的青年人，可以明白自己是有价值的，生命需要有梦想，且，梦想，是可以做得到的！

希望凯文的这本自传分享成为更多人生命的“礼物”，他们的人生能够因为凯文的生命故事而转化。

推荐文三

残缺中的不凡

朱奔野

（台湾同心国际传播股份有限公司 董事长）

凯文·劳伊，有着美好坚毅品格的大男孩，是我们华人孩子们学习的榜样！

身体的残缺一般人不乐意提及，凯文却乐意提到他的残缺软弱之处，让人更易与他亲近，他乐观，不以自己的缺陷为耻，反而与这缺陷共生至今成为祝福，年轻的孩子们务必要学习与你的残缺软弱相处，它反而是激励你一生成功的伙伴！

凯文自小打棒球，心中景仰一位导师吉姆·阿伯特（Jim Abbott）[1]，吉姆不因右手残疾而放弃打棒球，进而发展出一套怪异投球法（全美的孩子都在为之疯狂），最终打入大联盟成为传奇投手！当吉姆与凯文坐在一起时，勉励他要成为英雄，将来也要成为他人的典范及祝福！凯文承诺并实践这个诺言，关怀激励了另一位独臂球员扎克（Zack）[2]。小小的承诺却代表着伟大

---

① 吉姆·阿伯特（Jim Abbott）大学毕业后代表美国参加汉城（今韩国首尔）奥运会，击退日本队拿下金牌，并且获得代表运动精神的“苏利文奖”(James E.Sullivan Award)。一生最传奇的球赛是 1993 年担任扬基队投手，面对克利夫兰印第安人队，投出了无安打比赛，全美为之疯狂！

② 扎克（Zack），佛罗里达大学的“美国大学体育协会”（NCAA）的篮球球员。

的传承，生命在影响生命，典范在塑造典范！

凯文如今是一名毕业的大学生，经历了丧父之痛，被弃苦情，积极向上成为“美国大学体育协会”首位独臂篮球运动员，如今更成为全美知名的励志演说家(Motivational Speaker)。凯文高挺的外形，精湛的球技，稚气的笑容，坚定的信念，令所有听众由衷佩服。因为他美好的灵性，明星酷帅的外形，2015 年 3 月他已与好莱坞制片公司签约，即将开拍电影，预定 2017 年上映。

世上有些人身体残缺，而更多人的心灵是残缺与破碎的，坚信本书将带给华人一个崭新的视野，特别是带给彷徨无助的年轻人全新的方向与机会。凯文·劳伊做得到，你也可以！

推荐文四

活出生命美好的计划

刘畊宏

（台湾歌手、电视节目主持人）

非常期待这本书带来对现今社会的影响，因为人的转变不会是突然的，而是需要不断地经历，持续去改变才行。而这些特别的过程，若能记录下来，可以成为对他人的提醒，甚至是非常好的帮助。

我的朋友，凯文·劳伊，他的故事绝对激励

人心。他没有因为一生下来的残缺而放弃成为篮球球员的梦想，反而更加坚持、更加努力成为一位杰出的球员，进而打进了NCAA，与一群顶尖的大学球员同场竞技，而且还能有杰出的表现，真是让人佩服。又因为他的信念给他勇气和力量，去面对人生的各样挑战，从小到大，从内在到外在，从软弱到刚强，从骄傲到谦卑。而这些刻骨铭心的经历，帮助他蜕变成为一名励志演说家，四处分享他生命的改变，带给这世界更多美好的见证。

我们曾经一起吃饭，一起打球，一起鼓励需要帮助的人。他很年轻，也很有亲和力。记得之前在公益活动的记者会上，有人问他："你会不会希望你的手能变成跟一般人一样？"我听到这问题觉得有点唐突，他却马上笑笑回答说，他如果是正常的手，应该没办法做今天他所做的事了，走到如今，他还蛮感恩自己能有这样的机会。他没让自己的残缺成为怨天尤人的理由，而让他的生命变成了一种特别的“缺陷美”。我相信，他的影响力才开始，他已经找到自己的使命，相信他一定能更加发光发热，活出生命美好的计划。

这本书会成为我送人很棒的礼物，也希望读者能被他的生命感动，对人生充满盼望。

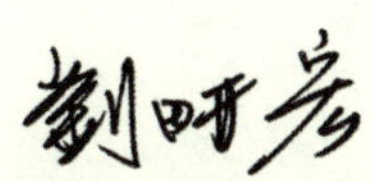

推荐文五

他带给我们的不仅是篮球

田贵昆
（深圳市十佳青年教师、深圳市第二实验学校男篮主教练）

非常荣幸在一次活动中结识凯文，这位NCAA的传奇人物。

在球场上的交手让我和弟子们臣服于他精湛的篮球技艺，在场外的交流则更使我对他身残却不仅自立还立人，进而达天下的胸怀而肃然起敬。

凯文的传奇经历，让我想起了司马迁的《报任安书》:“盖文王拘而演《周易》;仲尼厄而作《春秋》;屈原放逐，乃赋《离骚》;左丘失明，厥有《国语》;孙子膑脚，《兵法》修列;不韦迁蜀，世传《吕览》;韩非囚秦，《说难》《孤愤》;《诗》三百篇，大底圣贤发愤之所为作也。”

古今中外不乏这些奋发图强的励志人物，凯文就是在我们身边的榜样。

多舛的命运，颠沛的人生却塑造了他阳光积极的心态。

在这个社会上还有很多人不知道珍惜现在拥有的一切;有很多人每天活在抱怨或杞人忧天中;还有很多人遇到一点风雨就陷入悲观迷茫当中……亲爱的朋友们，建议你们翻开这本书，追寻这位传奇人物的成长历程。一个生来独臂的人如何成为篮球明星，又如何从球星变为励志演说家？凯文的书中会提到，他的成功源于家人的爱，除此之外，在他生命中，几乎改变他一生的是他的篮球教练。读完这本书你一定也会学着接纳自己，肯定自己，学会和自己、和这个世界和平共处。

译 序

以生命帮助生命

王 凡

（资深媒体人、北京大学哲学博士）

从书名就可以看出，这是一本励志的书。我乐意翻译这本书，是因为我看到当前年轻人的需要。

回看当前我们的社会之中，有许多年轻人生活得穷乏困蹇，觉得事事不如人，前途渺茫无望，努力也没什么用。同时另有一些年轻人，生活在富裕环境中，衣食无缺，要有什么就有什么。最终，这两种人中的一部分——应该还是很大的一部分——逐渐对生命感到索然、茫然。他们自始至终就没有想过，更不要说用心去寻找过，一个可以奉献心志、全力以赴的人生理想与目标。这两种人，人生的结局都是一样——庸碌而没有价值。

当今还有许多人，受到网络尖酸刻薄言论影响，往往将情绪置于爆炸的临界点上，老觉得世界对他不公，别人负欠他，所思所想都是负面的东西。看见别人成功，心中会羡慕、嫉妒，甚至仇视，却不会去想一分耕耘、一分收获的道理，更不用说去思考如凯文·劳伊这样的人，必须要好几分耕耘，才能得到一分收获对他们的意义。

生命充满转角，转角的另一端会是什么，

谁也不知道，我们必须带着希望走过去。凯文的命运，千回百转，曲折坎坷，最终，他为自己创造出了极高的生命价值与意义。如今，有数不完的机会在前方等着他。这一切，是过去20多年，在充满奋斗与泪水的艰困过程中，一步步走出来的。成功没有侥幸，凯文·劳伊以他强韧的生命力，向我们展现了勤奋与坚持的意义。

这本书，值得你我品味、沉吟。

王凡

残缺也是一种力量

凯文·劳伊快速赢得全世界最佳、最有成果的励志演说家的声誉。将近 7 英尺[①] 的身高、火红的头发，仅仅走上讲台，他就已引人注目。不过，他的故事更让所有年龄层的听众瞩目。

作为第一个少了一截肢体而打“美国大学体育协会”第一级篮球的球员，他克服了父亲

① 凯文身高 6 英尺 11 英寸，约 211 厘米高。

英年早逝、曲折艰辛的家庭环境，与排山倒海而来的抨击，成为家乡加利福尼亚州[①]顶尖高中篮球队员之一，同时也拿到奖学金，加入曼哈顿学院亚斯勃斯球队。

演讲时，他融合了幽默风趣、听众参与和独特的强力传输能力，述说一个极不寻常的故事，这故事后来呈现于一部2013年参评奥斯卡金像奖的纪录片《远投——凯文·劳伊的故事》之中。他运用自己充满启发创意的旅行作为出发点，去检验他人每天所面对的挑战。他的成就帮助了听众以新的角度检视自己的问题。他分享自己的故事，来帮助处于困境中的人们改变生活态度与人生视野。

凯文的翩翩风采、从容自信与平易近人，

---

① 后文简称加州。

使他成为美国乃至全球的企业、年轻人和社会团体最喜爱的演说家。

他以优异的成绩，仅仅三年，就从曼哈顿学院毕业，目前住在大都会纽约。从那里出发，他全球旅行，在亚洲、非洲、欧洲和美洲激励着听众。他还到坐落于纽约的联合国总部演讲，担任新泽西州“男孩女孩俱乐部”的发言人，同时也是新泽西州“特殊奥运会”的董事会成员。

这本书的撰写，搭配凯文2015年的亚洲行，以他自己的话语，为他非凡的生命提供深入的观察。《缺而不失》包含12篇小品文，作者在文中特别提到的时刻、人物与地点，有助于定义他的人生，明白每一步都有特别的意义，使他一步一步进入自己的使命，一切都有上天的美意。

第❶章
恩典人生

Missing but more:
The first player missing a limb to play
NCAA Division 1 basketball

Missing but more:
The first player missing a limb to play
NCAA Division 1 basketball

★★★

我生来并非仅仅是为了打篮球，
而是为分享我的故事，去鼓励、去激发、去改变他人。
篮球只是我的媒介，而不是讯息。

我似乎天生就是经过特殊设计来鹤立鸡群的。红发人口不到2%，我就是其中之一。身高近7英尺，左上肢生来就没有手掌和前臂。不仅如此，我的眼睛是棕色的，脸上不长雀斑。我后来还知道，我原本是个左撇子，这意味着，我无法使用我的惯用手。

作为一个人，我可真够稀有的。我的故事也跟我被设计的一样，特别得很。长大以后，妈妈告诉我："上天在你身上有特殊的计划，他会恩待你。"从我所处的环境来看，我才不信那是真的。小男孩要出头已经很难，而我，还常常受到排挤。

1990年，我出生于加州的圣何塞。满周岁以前，我们家搬到普莱森顿，这是个位于旧金山湾区的小城市，在奥克兰以东大约25英里[①]的地方。由于紧邻硅谷，我的家乡成为美国最富有的城镇之一，不过我却是生于俭朴的乡村家庭之中。

家里有大我两岁的姐姐阿什莉，与大她两岁的哥哥麦可。我的外婆朱迪住在布伦特伍德附近，她是位退休警探，有着一身超炫的故事。

爸爸喜欢赛车，最起码，在他的孩子出生前是如此。接着，他就必须以一种更稳定的、更认真负责的态度，去找份差事来养家糊口。他到湾区的丘珀帝诺电子公司去做电工，但对我而言，他更像是个有想象力的工程师。他可以装配任何东西，用于任何用途上。他的双手的确灵巧，如果哪个我们认识的人需要装配什

① 1英里≈1.61公里，后文同。

么东西，他三两下就能搞清楚该怎么做。爸爸有双电工的巧手，一个工程师的大脑。

妈妈在一家制造工厂管理几个部门，工作勤奋，一直上班到我八九岁的时候。

从一开始，我的父母对于如何养育我意见就常常相左。爸爸是男人中的男人，身高 6 英尺 9 英寸，体内流淌着他最喜爱的“奥克兰突袭者”（Oakland Raiders）橄榄球队的血液，吼声可比他赛车的轰响。韦恩·劳伊一心想将自己的儿子变成大人，尽管那时我实在太小了，力未能逮。

妈妈，裘蒂，则是用一种比较特别的方式，来教养这个总是特别突显的男孩。她教导我，我的生日代表着某种特殊的意义。4 月 13 日——4/13——在她脑中唤起《腓立比书》第 4 章第 13 节是这样说的：“我靠着那加给我力量的，凡事都能做。”妈妈深信，事情必然如此，她确定我将来长大以后，能够体会其中深意。

结果证实，我甚至在出生前就已经展现出那股力量了。当脐带威胁要缠绕住我还没长成的脖子的时候，我就用左臂制止了它。脐带将左臂手肘以下切断了，不过，我出生来就缺少的那段肢体，看来是救了我的命。

我常跟人说，我命中注定了要么失去我的手臂，要么失去我的头——我确信我做了正确的选择！

在我出生的最初几年，我想，我们家是标准的美国家庭，过着标准的美国生活。人们几乎都记不起 4 岁以前的事，我当然也不例外。等我 4 岁的时候，父母的婚姻走到了尽头，我的第一个确切记忆，是他们离婚。

妈妈带着我们搬进了一间公寓房子，距离

爸爸只有几英里远。不知道事情到底是怎么安排的，总之，我有整整半个星期跟着妈妈，半个星期跟着爸爸。部分时间我还是住在老屋子里，但新的生活安排为他们，也为我们造成了许多问题。他们现在要付两个家的一切开支，这意味着为了维持家计，爸爸要多多加班，妈妈也一样，如果她要付房租的话。为了三个孩子、两个家，他们必须拼命地、长时间工作。正因为他们两个人都想抚养我们，所以花在工作上的时间就更多，在家的时间相对就更少。妈妈常常带着我们搬家，短短几年内，我们住过普莱森顿、弗里蒙特、里士满和布伦特伍德。

这样的结果就是，麦可、阿什莉和我许多光阴都耗在临时托儿的地方，我们是那种被丢来丢去的孩子，放学就去不同的邻居家。我们很难知晓隔天又要去谁家，那要看谁家有空帮忙，也许是敏茨家、佐根森家、卡农家，或者史密斯家。有一位名叫玛格丽特的女人有时候在她家提供托儿服务，还有一位临时保姆是贝丝。从一早到晚上七八点，我们就这样被别人，而不是父母养育着。终于，妈妈或爸爸结束了一整天的工作，就去领我们回家，喂我们吃饭，送我们上床。

那些日子父母之间唯一的区别是：由于爸爸的交通问题，跟着他，就得早起晚归。早上5点他就叫醒我们，5点45分就把我们放在临时托儿处。

尽管父母勤奋干活，让我们过好日子，对一个小男孩来说，那却不是个安定的景况。我的兄姐都长我几岁，总还捞到几年像样的家庭生活的好处。他们两个都是优秀学生，早已养成良好习惯，打下坚实基础，而我呢，连最基

本的读书技巧都没有。

爸爸也会威胁我——那是发自内心深处的一种感觉，那种当你常被呵斥时就会出现的感觉。自始至终麦可和阿什莉就是拿“全A”成绩的好学生，在班上总是名列前茅。谈到学校功课，他们两个根本无须家规伺候，而我可是个问题小孩，不知道该怎么念书。爸爸希望我能迎头赶上，所以，当我连最简单的功课都不会做时，他常常会对我失去耐性。

我的父母根本不了解我在学校里的问题。他们期待我能像兄姐那样超越别人，但他们老是弄不清哪里出了差错，我察觉出他们的无奈。新的生活形态是我失败的主要原因。我们老是游走于这个地方、那个地方，我常常将老师规定的功课遗忘在临时保姆家，或者课本可能放在自己另一头的家里面，而我又不敢说出来。

这样的挑战实在太大了，尤其我还没有像我兄姐那样培养出读书的好习惯。我所知道的就是，父母对我很失望。

在学校里我无法融入，在家里，我也饱受欺凌。兄姐也要经历这种煎熬，但我是家庭食物链的末端。我的兄姐爱我，但他们也有自己的奋战，有时候他们会将对父母的愤怒转向我。我讨厌这样，但我理解，抱怨与顶撞是我那两个身心俱疲的单亲父母最不想听到的。

受到爸爸与兄姐凶巴巴的对待，对自己的能力又毫无自信，我变得愈来愈退缩。我仍很想知道，为什么我只有一只手臂、超高的身长，以及一头火红的头发，在任何场合，我都鹤立鸡群。不过我真正想要的，是让父母开心。

就在心烦意乱之际，上天将一位非常有关怀心的人带入我的生命。史凯尔小姐是我一年级的老师。她跟我的父母聊天，知道他们离婚，也清楚我们的生活状况。从教桌后头，她看出了其他同学怎样对待我，以及我所陷入的困扰是什么。

她也观察出我是个难教的孩子。史凯尔小姐常常会将班上同学排成一个阅读圈，大家读同一本书。我们一人读一段句子，然后轮下去。等轮到我的时候，我读不出来。我感到受伤、愤怒。有一回，我扔了书本，冲出教室。校长在派出一位同学说服我回教室以前，必须要在校园各处先找到我。我感到既受挫又尴尬。不过，我还是回到了教室。

这位特别的老师从来没有失去过耐性，她是我可以信赖的人。当她问道为什么我不交作业时，我会承认，我不知道书本或作业放在哪里。我会解释，那个星期我去了四个不同的家庭，我根本不知道作业搁到哪儿去了。

她清楚我需要特别的关怀，她也会注意我是否已经得到了关怀。我是个难搞的学生，而她却在学校课程之外，真正帮助了我。她还在《青蛙与癞蛤蟆》（Frog and Toad）这本书上签名，然后送给我做纪念。她希望我能够欣赏书中所有的故事，以增进我的阅读能力。

尽管老是遗失课本，《青蛙与癞蛤蟆》这本书我仍保存至今。

一年级结束后，很不可思议，史凯尔小姐竟然升教二年级班。学年开始前，她跟其他的老师谈论交换学生，把所有好教的学生转出去，换进挑战性大的学生——尤其是我。她知道这样可以让我较有信心，而她也可以用一种正面的方式，让班级以我为中心。

当有人发现我的视力不好以后，我的学业也进步了。我的家人没有人戴眼镜，也没人料

到我需要戴眼镜。我几乎看不清教室的黑板，更糟的是，我太高了，总是坐到后头。当我终于有了眼镜之后，帮助颇大。二年级结束，我的成绩几乎完全赶上了，上三年级时，我终于开始信心十足地看书了。

若非史凯尔小姐，我很可能落居人后。那个时候我并没有适切地感谢她，我的年纪还太小，无法体会出她的角色与她的慈爱。而我现在知道了，我的学业成绩持续有优异的表现，一切就是从那里开始，她就是上天在我生命计划中的一部分。

★★★★

我心中有一部分是惧怕爸爸的，但我深爱着他。尽管他辛勤工作，却始终阮囊羞涩。父母离婚那段时日，我们家四个房间，他一间，我们一人一间。后来我哥哥跟我搬到同一间房，爸爸将楼上一个房间租了出去。在我们还搞不清状况时，姐姐又搬了进来。我们三个人共居一室，以便可以从两位租我们房间的人那儿得到额外收入。即使长时间工作，爸爸还得接待一些房客，以便养活我们。

但爸爸似乎对任何需要他的人都能腾出时间，他一向来者不拒。工作 11 个小时，筋疲力尽地回到家，还要喂养三个小孩，但如果有谁留言，说有什么事情要处理，他会随请随到，毫不拖泥带水，或借词推却。无论再怎么累，他就是会搞定一切。

我很珍惜与他共处的时光。我们有季票可以看地方体育队伍的比赛，职业棒球大联盟的“奥克兰运动家”，国家冰球联盟的“圣何塞鲨鱼”，还有——最重要的——国家橄榄球联盟的“奥克兰突袭者”。“奥克兰突袭者”跟其他

职业体育队大不同，他们与粉丝们共享很特别的关系。实际上，球队与粉丝之间的界限很模糊。在风光的那些年里，球员和粉丝住在一块儿，同吃同喝，还鼓励他们最有能力的赞助者制作球员超级夸张的图像，到赛场以银黑颜色吊挂，骄傲地展示出“奥克兰突袭者”的签名骷髅图。

有一小段时间，这个球队让整个城市，包括爸爸，都心碎了，因为他们搬去了洛杉矶。不过，大概在我出生的时候，他们又回到了奥克兰。爸爸不念旧恶，我们都成了“奥克兰突袭者”迷。我们尽可能抓住每一个机会，到奥克兰阿拉米达郡大体育馆去为我们的球队加油。我在襁褓时代就去赛球场了，很难想象，生活中若没有“奥克兰突袭者”会是个什么样子。主日和爸爸在一起，我们就会去教会。在家里，我们就做家务事，然后就是看球赛。日复一日，充满欢乐。

爸爸平时每天早上5点叫我们起床绝对没有星期天看“奥克兰突袭者”比赛有趣。然而，一个特别的早晨改变了一切。那年我7岁，太阳还没升起，爸爸叫我们都坐在沙发上。他坐在房间的另一头，直视着我们三个孩子。他说，他得了癌症，不知道还能活多久。麦可和阿什莉哭着从房间跑了出去，我坐在那儿。我清晰地记得这件事。说来很不自在，因为，长大后回头看，我理解他在说什么，知道他会经历些什么。但是那天我觉得难过，是因为哥哥姐姐哭了。那时我不知道爸爸说的是什么，我从未听说过癌症，也不知道死亡是什么。

爸爸才38岁，却跟孩子说他即将死亡。他怜悯地看着我，因为我一脸茫然，他知道我是

懵懂无知的。现在想来心酸，但在那时，我真是不知道会发生什么事情。

爸爸被诊断出得了无法治愈的黑色素瘤。从那时开始，当我们到妈妈住的地方时，他就去接受一大堆的治疗，但当我们跟他在一起时，他会设法让一切如常。我们的生活就在“突袭者”“鲨鱼队”和职棒联盟之间打转。如果没有球赛，我们就去迪士尼乐园、六旗乐园①、小型高尔夫球场，或其他特别的地方。乐子很多，爷爷奶奶在南达科他州有350英亩②的牧场，就在拉什莫尔山的后山麓。爸爸爱狩猎、钓鱼和其他野外活动。那牧场是个非常漂亮的地方，我们跟他共享过几次，真是乐趣无穷。

---

① 六旗乐园（Six Flags），是世界上最大的主题乐园之一。

② 1 英亩≈ 4046.86 平方米，后文同。

生命中很少有什么事，会让我像珍惜爸爸逐渐死亡过程中，所赐给我们的祝福般那样地珍惜。他用最后两年半的时间去跟生命中的每一个人修复关系，也创造跟孩子之间最有意义的相处机会。他的工作伙伴为他办了一场大型的烤肉聚会，并募得大约三万美元来照顾我们。他也为退休准备了一些钱，他很清楚，这些钱他是享用不到的。那时他足以退休，像一位走向死亡的人一般，度过人生。

正如痛苦之于他，我深信他从那段时日里也得到许多欢愉。最近我哥麦可提醒我，我们真是幸运啊！“我们总觉得没有从爸爸身上得到什么，”他说，“但他在知道自己罹病以后，终止了工作，他是为我们才这样做的。如果不是这样，我想，我们永远无法真正地认识他。”

我想，这对我而言，恐怕真实的感觉胜过

麦可。我跟爸爸相处的时日不多，就算曾经贴近，我心中对他只有恐惧。一旦我理解了他的人生旅程，以及他对我的爱之后，我才能以完全不同的视角来看待他。

在童年时代，我还没有那样的感知。我的父亲，这位我认为最强壮的人，开始在他怯懦的小儿子眼前形销骨立，最后，死于我家客厅。那时我才 10 岁，告别的话都说不出来。在他垂死之际，我所做的最接近他的事，是当妈妈伸手去抚触他时，将手放在她的手上。

这是为我留下永久烙印的时刻，我那时还未成年。我并未向他道永别。我还是懵懵懂懂。爸爸却再也无法助我寻找人生的路了。

丧礼上，我再度遭遇困扰。到南达科他州去玩时，爸爸曾偷偷录下一卷录像带，作为未来向他挚爱的人诀别之用。根据他的遗愿，这卷录像带要在丧礼上播放。影片中，他向我们每一个人分享他的爱。当谈到我时，他说：“凯文，你是我的小丑。”每个人都笑了，而我却泪流满面地走出灵堂。我笑不出来。爸爸刚刚离世，他的留言增添了我的恐惧，让我以为我一直让他失望。他是我的英雄，但，我不想当他的小丑。

★★★★

在爸爸过世后，妈妈的人生开始稳定。我们搬入一栋属于她的保险经纪人兼好友吉姆·查纳金的房子里。在自然而然的发展下，吉姆和妈妈坠入了爱河。

妈妈是位美女，她是选美皇后，她的故乡有一次还特别为向她致敬而举办过一场游行。当妈妈第一次吻吉姆时，他大吃一惊，猛向后

倒，把墙撞出一个洞[①]。妈妈尴尬地哭着跑开，而他，追了过去，一切就开始了。

当他们之间的关系更密切之后，妈妈告诉吉姆："如果我们要发展下去，你就必须愿意当我孩子的父亲。"他知道其中的含义，因为他也离了婚，自己有三个孩子（他们后来成了我的继手足）。他以行动证明他能信守承诺，于是不久他们就结婚了。我们所有人在外婆家度了蜜月，大家都快乐无比。

吉姆出现后，我看到了一个对妈妈而言截然不同的婚姻。他是个好人，他让每件事都处理圆融。他对妈妈所做的一切，使我们因为看到妈妈快乐而开心。在我生命中，吉姆是一个

---

① 北美的房子大多为木造，以防火石膏板隔间，所以室内墙壁能被撞破，并不令人意外。

伟大的人，一个了不起的继父。

妈妈与继父对于事情的看法总是心意相通，一开始，他们就要我自己的事自己完成。没有粘黏式鞋带或切好的肉片，他们期盼我自己想办法。等我长大了，我通常都能自力更生。他们激励我去做其他孩子能做的事。我打棒球、踢足球，也打橄榄球，样样都表现不凡。我块头大，跑得快，动作灵活，身手敏捷。但我缺了一大截左上肢，每个人似乎都在注意。

我常踢足球和打橄榄球，但我实在是个棒球高手，我是投手和一垒手。对于棒球的热爱，我深受一位大联盟的球员吉姆·亚伯特的影响。这位明星投手为纽约扬基队投过一场全场无安打球，而他只有一只手。在那之前，我还没见过任何一个人像我一样。我以为我是世界上唯一的独臂人。当我在电视上看到吉姆·亚伯特三

振世界上最棒的打击手时，我就想，有为者亦若是。我的推论是：如果他独臂可以成为棒球明星，那么，我也能。

除了热爱棒球外，我也东打打篮球，西打打篮球，这足够让我学会运球跟简单投篮了。我闲来无事才打，不过混混而已。后来我的哥儿们寇迪·佐根森拜托我去参加一个篮球队选拔，因为他不想一个人去。

麦克·史密斯是七年级的篮球教练。当我爸爸还在世时，我在史密斯家的时间，比其他地方要多得多。史密斯先生跟别人一样，很清楚我的状况。实际上我在他家住过好几年，但他还是将我淘汰了。

我不能说我怪他，因为我根本不知道怎样打一场球。但是在选拔时，我实际上表现得很出色。很不幸，他将孩子们分为两组，把大部分的注意力放到较有经验的男孩那边，期待那些孩子可以组成一个球队。我们这些其他的小孩就做做跳投，我应该是一连投进了 20 个球，一位球员就到史密斯先生那儿说：“凯文一个小时里，没有失误过一次投篮，但是你都没有看。”于是他就要我到他那边的场地去打球。

这没什么帮助。练习结束，他将我拉到一边，非常和蔼地对我说，打篮球对一个像我这样的人而言，不是个合宜的运动。他说，篮球是双手运动，我的残疾会让我永远无法超越。他知道我是个不错的运动员，所以他实话实说，我应该专注于足球，别再想这门新的运动了。

妈妈常常告诉我，只要专心一致，我可以做任何事情，我对此深信不疑。她常常强调《腓立比书》第 4 章第 13 节的经文，这经文使我的信心更为增强。我倾尽全力参加试投，但

表现还不够好。读七年级时我有6英尺4英寸高，学校却无法找到我的定位。这样的认知在我人生的其他时刻，也许会造成我的自暴自弃，但我已经成熟了，新的自信已然出现。我自知在试投时表现不凡，我要精益求精，立志证明，史密斯先生错了。

几年之后，史密斯先生到每一个我所参与比赛的高中去，他必然已对我说过一百次，劝我别打篮球，他做错了。但实际上他在上天对我的计划中扮演了一个关键角色。七年级的篮球季结束时，史密斯先生对于刷掉我颇感内疚，他看到了我渴望成功的坚毅决心。他的妻子与我妈妈对此甚至提过好几次。后来他从报上看到一篇文章提到一个“业余体育联盟”的地方球队，叫做奥特洛斯。这个球队的教练以培养有潜力的球员闻名，史密斯先生剪下这篇文章，交给了妈妈。

这是我们第一次听到这个名字：派崔克·米克奈特，奥特洛斯队的教练。

决定要百尺竿头更进一步，我开始跟我们家庭的朋友叫艾力克的对打，他刚升十年级。他大约 6 英尺 6 英寸高，篮球打得很好。艾力克在夏季“业余体育联盟”里为奥特洛斯队效劳。这个球队基地在利佛摩，那是隔邻的社区，隶属一个参赛学校。在七、八年级中间的夏季，妈妈打电话给米克奈特教练，跟他说我很高，很有运动细胞，很热爱运动。她没提到我的手臂。

总之，有效了。米克奈特教练邀请我们与他相见。这人简直像头人中之熊，是个高大的非洲裔美国人，来自普莱森顿贫民区。见面时，他端视着我，我生平第一次感到，有那么个人在看着一个高大的、很会运动的孩子，而不是

在看一个只有一只手臂的人。奥特洛斯队的试投期已过，球队已经组好了，然后我出现了。我看来像个天生怪胎，而非新手球员。尽管我还没升上八年级，在体育馆里，我的个子却是最高的。

教练让我上场争球，头一回，艾力克在场上运球，他试图超越我。他因故从右边超越，就是我拥有完整上肢的那一边。我拨开了那个球，整场运球到另一头，几乎灌篮成功。这只是侥幸，但却引起别人的刮目相看。米克奈特教练说："好啦，我们可以教这小子一点玩意儿了。"

接下来几年，他教了我许多东西。他跟我一起练球，敦促我。最重要的是，他待我如同对待球队里的每一个孩子。当我有所进步，他就拍着我的背；当我搞砸了，他会对我吼叫。

米克奈特教练很快将我训练成很好的抢篮板球员和盖帽高手。要成为一个球技精湛的篮球球员，我还早得很，但我已经可以截任何人的球了，他很清楚，这挺管用的。

对于毫无经验却想要精进球技的球员来说，这是个很完美的情况。我加入一个混杂着三年级生和四年级生[①]的练球计划中，每天在练习时，我都会被人撞击或灌篮，但我总算能够在高阶层比赛中打球了。我们有很多好球员，其中一个那年被网罗进入弗雷斯诺州立大学。稍早在七年级时，我被刷掉了，但，转瞬间，我却跟第一级[②]的好手对打！

---

① 美国高中采用四年学制。

② 第一级（Division 1），是“美国大学体育协会”（NCAA）三个体育分级中的最高级，在这个等级里的学校，所发放的奖学金也最高。

我学习到“坚苦卓绝”对打篮球的意义，观察到优秀球员如何准备与练习。很幸运，我能够拥有一个不怕教导我的教练。米克奈特教练同时也是一位咨询师，他为贫困的孩子提供咨询。他不会忽略我或特别照顾我，就像早些年里史凯尔小姐一样，他视凯文·劳伊是个挑战，他正面迎向这个挑战。

他给了我所需要的机会，但随之而来的，是与日俱增的诸多痛苦。尽管他努力，我努力，我仍然还是个经验欠缺的中年级生，搭配着壮硕的、聪明的、更有才华的球员。有些比赛我打得一塌糊涂，很多观众实际上是在嘲笑我。

我的决心受到了考验，但就算我对自己了无信心，米克奈特教练绝对不会让我放弃。有时我会哭泣，告诉他，我不想打篮球了。他会让我设身处地，提醒我，面对挑战的，不是只有我一个人而已。有一回他对我说："凯文，你知道我有300磅[1]，对吧？你以为我喜欢自己这副德行？我想身材更健美，但当我为此奋战时，我绝不会放弃自己的责任或梦想。我不会因为有人嘲笑你或因为某些困阻而让你半途而废。如果你胆敢想要放弃，那么我要狠踹你的屁股。比起这个混杂的球队中其他的孩子来，你有更大的潜力，只是你自己还没看到而已。"

他说对了。我在橄榄球和棒球上总是表现优异，篮球对我来说，难多了。这的确是个需要双手的运动，我想做个更杰出的球员，米克奈特教练让我相信，有一天我会办到的。在这同时，他发现有些事我已经做得很好了，那是因为我的身高和运动精神，而我也充分将之运

① 1磅≈0.45千克，后文同。

用出来，成为球队的优势。更重要的是，他敦促我，教导我。

夏日时光的练球开始有了斩获，我进入八年级球队，尽管我是最后一名进入。当我也在亚玛多谷高中加入一年级队时，我决定放弃其他的运动，宣告我是一名篮球球员。在高中初期我并不算是什么好球员，但我努力练球，逐渐进步。跟着米克奈特教练，我花了很多时间在“业余体育联盟”球季里，也加入了几个球队联盟。我深知，只有一只手，我必须加倍努力，才能和其他球员一样卓越。甚至在我所加入的基督徒训练营中，我也常打球。我已将打球视为全职工作。

当我的一位打橄榄球的邻居想要加强体能时，我又得到更上一层楼的机会。我们早上5点就起床，沿着普莱森顿街道跑步。除了肢体上明显的缺陷外，我生来还有气喘的毛病，严重到曾两次住院，一次还是救护车送去的。我必须处于巅峰状态，以减少气喘对我的影响，而跑步似乎蛮有帮助。

我高一球季的表现挺棒的，所以高二时，就升级进入了三年级队。亚玛多谷是所大型高中，各项体育项目在加州的高中中属最佳等级。由于竞争极为激烈，我的身高根本不足以让我进入校队。校队里有一个7英尺1英寸的，两个6英尺10英寸的，其他都是6英尺8英寸的。我们学校有一批高大、有才华的球员，我在高三之前，根本没有真正的机会去打校队。

但我耐着性子，持续进步。在高三校队的球季最后一场比赛中，我们和最强大的对手争夺第一名。我投出最后一秒的压哨绝杀，我们以一分之差赢得球赛。观众从看台潮水般涌向

我，那是我所经历过的最棒的运动经验之一。那场球的格外特殊之处在于，我哥哥也在看台上——那是他难得看我打球的其中一场——他也跳到我身上来了。真爽！我终于感觉，我像个篮球球员了。

我知道我自己常想拥有那样的感觉，所以持续加油。那个夏天，我跟着奥特洛斯队在拉斯维加斯打季前赛。拉斯维加斯是“业余体育联盟”的篮球之都，夏天是球季的热潮。每年在此期间，大约有 600 个球队分打不同的季前赛，全世界最优秀的各个年龄段的球员都到了。

我们打得没那么好，所以被归类到跟一个加州来的球队对打，赢球留下，输球回家。在我步上球场的那一刻开始，我可以感觉到对方球队教练的眼光一直落在我身上。我后来才知道，他不是他们真正的教练。那天正规教练病了，找了一位去拜访他的朋友在那场球赛临时替代他。这位代替者是富兰克林·马丁，有6英尺7英寸高，过去是第一级的球员和教练，现在当演员、制片人，但还持续训练个别球员。不管他是何方神圣，他就是一直盯着我。

我给了他亮点让他盯住我不放。那场球赛是我多场所向无敌的比赛之一。每个投射都进篮，我独得26分，抢15个篮板球，10次抄截。真是技惊全场。我的队友说："把球传给凯文就对了，他不会漏失一球。"

比赛结束后，富兰克林向我道喜，并与我短暂交谈。他告诉我，他正在拍摄一部纪录片，片名《走在死鱼之上》(Walking on Dead Fish)，这是讲卡特里娜飓风过后，一所新奥尔良高中橄榄球队的故事。他给了我一张名片，我转交给了妈妈。他告诉我，他训练过一些NBA球员，

如果他的人生步调缓慢一点，或许会有兴趣训练我。人总是不知不觉走上不同的路，我那时并不懂，但上天的计划正在往前移动。那个周末，这个人在数百场比赛中答应当这场球赛的教练，他终将在我人生中扮演关键性的角色。

高三是我加入校队的第一个机会，我知道机遇在望。高二那年，我大步向前迈进，在那个球季中以高潮收尾。在夏天的“业余体育联盟”球季里，我持续表现优异。我日有进步，而亚玛多谷校队里所有的大高个儿几乎都毕业离校了。

我清楚自己已经准备就绪，要加入校队了，直到我察觉到校队未必准备要接纳我，才知事与愿违。亚玛多谷的教练已经成功领导球队 19 年了，他告诉我和妈妈，除非我装上假肢，否则我不能打球。我们惊呆了，但，我们一点选择都没有。在为这件大事伤脑筋之前，妈妈花了一个月的时间，想查出是否有任何规定，我不装戴假肢就不可以打球。不意外，当然是没有。有什么必要呢？没人听过独臂篮球球员啊。

加州政府介入了，正式宣告，打球时，我可以装戴假肢。于是妈妈做主，我就装了一只简便的假肢。这只假肢舒适而没有技能性，使用起来就像是一根长的曲棍球棍。它大约10磅重，在比赛时，我感觉像携带了一只哑铃打球。我曾戴着假肢打过一场争球练习，那可真是一场灾难。我觉得自己笨手笨脚，我用它打了每个人耳光，过去从未打过那样一塌糊涂的球。我气得不行。我有一只手，这对我来说已经足够。我想要成功，是全赖我自己的全力以赴——一只手臂的全力以赴。

在妈妈为了支持我所做的一切工作之后，

我丢开了假肢，茫然不知是否还能继续打高中篮球。

接着出现了转机。连续带领了 19 个球季的教练宣布，他不再回到第 20 个球季了。他在社区大学里找到了一个更好的工作。柯林斯教练接替了他的位置。在邻近的里士满高中担任首席教练之后，柯林斯教练来到亚玛多谷。很凑巧，我是他第一个遇见的球员。当他接下工作任命，离开学校大楼走到外面时，我正好坐在停车场上。教练介绍了他自己，告诉我他听说过我。他说，他很开心能够跟我，以及其他的球员一起工作。他还对我说，他不在乎我有一只手臂、两只手臂，或三只手臂，他看不出有什么必要戴假肢。这对我而言，真是如释重负。我还知道，教练来自一个特区里超厉害的学校，他很肯定，我是他的新球队中唯一厉害的家伙。

他认为，我可以当队长，他要展现他对我的支持。我满心感激，我们从良好的开端出发了。

大约是同一个时候，妈妈在整理她的书桌时，看到了富兰克林·马丁在暑假时给我的名片。她发了个电子邮件给他，他则问道，球季开始时，他是否可以到普莱森顿来。当他到了普莱森顿，地方的媒体开始对我的故事感兴趣，我也就接受了一些电台的访问。当富兰克林的电影接近完成时，他有了新点子，他不再有兴趣训练我，他对我们说，他认为我的故事可以拍成一部有趣的电影。他要求与我们签约，这就是《远投——凯文·劳伊的故事》开拍的第一步。这部长篇纪录片在2013年成为参评奥斯卡金像奖的电影。

在高三组时我是先发中锋，跟球队中另一群大个头轮流。我的动作较敏捷，体格也比他

们好，但球技仍不够纯熟。实际上，每次我升上一级，球员们都愈来愈强，他们球技都精湛得多了。我开始察觉如果只是个盖帽球员和抢篮板球员，我永远无法突破，我必须再接再厉。我努力跟柯林斯教练和米克奈特教练练球。我勤练步法与战术路线，学习跑投、掩护、跑轰战术[①]。竞争对手持续在进步，我决定要迎头赶上。

那个夏天，富兰克林建议我往东去参加在宾夕法尼亚州的“五星篮球训练营”。过去40多年，“五星”因为是全美最佳高中球员选择的训练营而闻名遐迩。好几百个NBA球员在他们还是最有希望的高中生时，都花了大量的时间

---

① 跑轰战术（Running Edges），即快速进入禁区或得分区的篮球战术。

在“五星”球场上。我决定试它一试，这是测试我的进度与那些我最想成为的球员的进度差距最重要的机会。

这是我在篮球场上所受的最艰苦的训练，但我要撑持下去。跟成群的将来会进入第一级大学甚至NBA的球员对打，我打入了“全明星”队，在训练营“全明星”赛中拿到“最有价值球员”的第二名。最重要的是，全美每一所大学都看到我打球，也都理解到，我不仅仅是一名独臂篮球球员而已。

披戴新的信心，我开始脱颖而出，这是前所未有的。这回我是个突出的篮球球员了，不过不是独臂篮球球员，而是超越了其他体格健全的同侪的球员。我开始做起大梦，专注于目标上——我要成为第一个缺少一只手臂而打进“美国大学体育协会”第一级的篮球球员——

我极度渴望着。

当高年级开始时，那个梦似乎伸手可及。我长到 6 英尺 11 英寸了，而且被视为旧金山东湾最佳篮球球员之一。大学球探机构将我列入全美顶尖高中篮球队员之一。媒体对独臂篮球明星兴趣盎然，我的故事因而开始广泛传播，包括《体育画报》“超级杯版”的一篇小特写。

当我在教室里刚开始慎重讨论申请大学奖学金时，电话响了。尽管我不该接的，但我还是接了。是白宫打来的。他们告诉我，布什总统读了有关我的报道，深为我的故事感动。总统即将到旧金山旅游，他希望能够跟我会面。妈妈、吉姆和我被接送到“空军一号”专机上，我们和总统闲聊，当地的电视新闻做了现场报道，我感到荣耀无比。

当我从机场赶回当晚的赛场时，我是站在世界之巅，不过好景不长。在好几场比赛以前，我因为一个弹跳落地失误，扭伤了脚。在会见布什总统之后，我回到球场稍迟，热身不够，我感觉到腿更痛了。我想，放轻松就可以甩掉疼痛。但我根本无法打到终场，而是被送到急诊室。这漫长的、繁忙的一天结束，我断了一条腿。

不用别人告诉我，我知道这是什么意思，我的好日子过去了。就算有个第一级篮球教练愿意给只有一只手臂的孩子机会，他绝不愿意我只有一只手，外加一条不值得信赖的腿。选拔球员的热季来了，受伤的时机没有比这更糟的。我知道，我的计划必须改变，而我的梦想，必须等待。

我的信心受到了考验，但妈妈提醒我上天

必有特别计划。我告诉自己：“靠着那加给我力量的，我凡事都能做。”

★★★★

在这段时间里，即将改变我生命的两个启示中的第一个出现了。数年前，在我父亲的丧礼上，播放了他叫我“小丑”、每个人都笑的录像带。直到此刻，我才深深需要它。我重看了这卷录像带，第一次真正聆听他的话。妈妈曾找出这卷录像带给富兰克林看，他要求与我共享此录像带。是的，正如我所记得的，爸爸亲昵地称我为“他的小丑”。但他也钦佩我在孩童时代所有的成就，他对我多次赞扬，告诉我，他期待我将来能做大事。他告诉我他爱我。爸爸在天上一字一句向着我说话，医治了我的某些创伤，打开了我整个的人生。我所想的，就是要让他骄傲。

妈妈相信我，爸爸相信我。我不会遭到否定。

在尽力复健后，我重新做起我的梦来。这意思是，我在预备学校里花了毕业后一年的时间。尤其是弗吉尼亚的福克联合军校，我在那所离家3000英里的学校里，过着极为严峻刻板的生活。福克联合军校以各种可以想象到的方式考验我，我挑战着自我的能力、品格、决心，以及自尊。

我克服了环境，拿到全班学业成绩第一名，也在福克联合军校篮球这门课程中成为明星球员，这个课程已经推介100多个球员去拿第一级奖学金。但我没什么东西可以去争取的，尽管我的表现超越了一个又一个跟一流大学签约的球员，却没有奖学金向着我而来。我从小在电视上看过的教练都看到我打球了，他们都不

吝赞美我，但却不愿意在名册上留一个位置给只有一只手臂的人。我抑郁不乐，感到幻灭，靠着信念度日。

我在福克联合军校的教练弗莱彻·阿瑞特，无休无止地想将我打造成更优秀的球员，他向许多大学教练劝说，我是可以有助于他们的课程的。有一位教练以前还是他的球员，但阿瑞特教练的推荐并无法转换成奖学金。然而，他对我的信心具有很大的意义，我抱着希望，认为机会终将会来。

即使在进入福克联合军校之前，有几所学校对我有兴趣，但他们只提供某些学业方面的奖学金，而不是我认为我够格拿到的篮球奖学金。挟着福克联合军校的成就，我无法相信，竟然没有人愿意给我一个机会。“爱国者联盟”里的科尔盖特大学对我有兴趣，他们没有奖学金。但他们缺乏大高个儿，所以，他们保证每场球都让我当新手，下场打 15 分钟。我已准备好让他们试试我，不过我无法放弃争取第一级奖学金的梦想。

学校的学年和篮球招募季节进入尾声时，我已经确信，我虽全力以赴，但成果并不彰著，上天应该是对我另有计划。我浑然不知，就在弗吉尼亚北方几百英里之外，贝利·罗尔森，这位曼哈顿学院第一级篮球队的教练，也正经历着某个不顺遂。在即将招募球员的最后时刻，他获告知不用招募了。这所大学的校长，汤马士·史坎蓝修士，从未插手过篮球课程这方面的事务，实际上，在曼哈顿学院，据称过去十多年，他从来没有踏入过篮球队办公室。但是这一天，他被《纽约时报》一篇文章吸引住了。这篇文章提到我曾经扮演过咨询角色，帮助一

位因为车祸而失去一只手臂的年轻女孩的故事。文章搭配上我们的照片。史坎蓝修士穿过校园，走到篮球队办公室，将那篇文章放在罗尔森教练的桌上，说：“你应该考虑考虑这个孩子。”

出人意料的是，那正是罗尔森教练要做的。他常想到我，他早就知道我是谁。其实，他跟富兰克林·马丁是老交情了，马丁跟他保证，我对他的球队会有帮助。他打电话给阿瑞特教练，对方告诉他的也是同样的话。最后，他拿起电话，打给了我。

在毕业那周我们约定了拜会时间。离开福克联合军校有好几天，我很开心。我并没有期待他们会给我奖学金，不过我回家后还是写了一封信，说明我愿在曼哈顿学院第一级奖学金之下打篮球的意愿。几个月之后，美梦成真，我成为第一个独臂在“美国大学体育协会”第一级里打篮球的人。

★★★★

梦已成真，不过，接下来的几年里，我理解到，梦也可能无常。第一级的现实跟梦境相去甚远，里面有着太多的特殊人物与特殊契机，而我，根本不是明星球员。我的确得到过一些上场机会，甚至有几场是打首发。但出乎我的意料，我好像是撞上了天花板。跟全美许多超棒的球员并列或者对打，我深知我是居于劣势的。我相信我跟他们一样，很有运动细胞，很有才华，但我的肢体太与众不同了。教练们的身形都没有残缺，他们不知道该怎么指导一个独臂球员。有太多次了，当他们要增强整个球队的表现时，我就被晾在一边。当队友们在举重室筋疲力尽地进行规定的健身训练时，我是学校唯一没有举重课程的奖学金球员。他们无

法教我传球、投篮，因为他们不知道如何单手传球、投篮。

我三年就以优异成绩毕业了（还有一年残留的运动员资格），我考虑转校，看看我的篮球梦是否能得到一个更快乐的结局。

然后，我得到了第二个启示。我意识到，正如许多精英运动员，我应该向内专注于自我的挑战与目标。我必须定下来，展望四方。我必须将重心朝外。我已成长为青年人，必须检测自己的生命。我所见到的一切，将深深改变我的人生。

我阅读数百封来自年轻朋友鼓励的信和留言，这些人面临同样的挑战，我以自己的奋斗经验来回答他们。我回想着每一场球赛的前后时刻，残障的孩子大老远跑来，排着队，在和我握手或拍照时，灿烂地笑着。我忆起和“残障运动员基金会”到乌干达的种种，以及我的故事如何给那些生命中挑战比我更多的一群人带来泪水。

我意识到，一部分的我还是男孩，而这男孩终于见到了他的英雄吉姆·亚伯特。这位英雄告诉他："你会有机会成为别人的英雄，有份责任将随之而来。"而另一部分的我已经是个成熟的青年，这青年因为一位高中生扎克·霍德金斯（现在是"美国大学体育协会"第二位独臂球员）对他说的"凯文，你是我的英雄！"这句话而觉谦卑。

我终于理解，那非关乎我自己，从来就不是这样。那是关乎我可以如何做来激励别人。运动员于我，是以得分、抢篮板球、盖帽来估量。但上天真正的计划向我启示了其中的意义。我生来并非仅仅是为打篮球，而是为分享我的故事，去鼓励、激发、改变他人。篮球只是我的媒介，而不是讯息。

当富兰克林·马丁的纪录片《远投——凯文·劳伊的故事》在各电影院上映，旋风般将我送上全美收视、收听率最高的电视和广播节目时，我分享讯息的能力进入了另一阶段。看着自己的故事被写成电影，真有点不好意思，但这也帮助我将自己当前的角色转换成鼓舞人心的演说家，我努力以此角色来接触那些听到我的故事而得到激励的人。

我也投身残障奥运会、联合国、“美国男孩女孩俱乐部”① 以及其他许多慈善项目。我使用在纪录片中观众对我生命的兴趣为工具，来诉

① “美国男孩女孩俱乐部”(Boys & Girls Clubs of America) 是美国历史悠久的全国性青少年组织，成立于 1860 年，目前总部在乔治亚州的亚特兰大。这个组织提供孩童课后的各项学习课程，激发、提升孩子的各种能力，让孩子有归属感，能发挥自身影响力。参加的孩童，90% 都在 5 岁到 15 岁之间。

说我的故事，分享我的见证，为他人带来希望。在可预见的未来，我要分享我的故事，为大家奉上希望与信心的讯息。

这就是我的恩典人生。这就是我的新梦想。这就是我要说的故事。

第❷章

充满智慧与爱的外婆

Missing but more:
The first player missing a limb to play
NCAA Division 1 basketball

Missing but more:
The first player missing a limb to play
NCAA Division 1 basketball

★★★

外婆是个强悍的人，但充满智慧与爱。
她教导我许多人生的功课，
这些是我从别处学不到的。

幼儿时代，我常愤愤然回家。别家小孩总是要问到我的手臂。就算他们不是嘲笑我，他们仍然好奇万分，就是要谈论我的手臂。

真正的问题是，如果有人问：“为什么你只有一只手臂？”我无法解释，我真的不了解自己。但我知道，外婆永远让我感觉良好。

外婆的名字叫朱迪·布乐德威丝，她可是棒极了。童年时代，我和兄姐总是被车子送来送去，我们很不喜欢，有时真是心不甘情不愿。但有个地方我们却迫不及待想去，我们随时准备着到外婆家去过个一天。在外婆家的一天，意味着溺爱、娇宠，还有新鲜烘焙的饼干。实际上，到今天还是这样。

不过我的外婆可是全然不跟其他的外婆一样。她是加州布伦特伍德市的退休警探，皮包里携带着一把六发式手枪，每天抽一包烟。作为一名警探，她声望崇隆，我曾听回到家乡的朋友们说，他们在警察学校仍然会述说着布乐德威丝探员的故事。

外婆生长于得克萨斯州，在还是个漂亮的少女时，她只身到加州去找自己的母亲，她发现我的外曾祖母在旧金山附近开了一家餐馆。这一点也不令人惊讶，因为家族传说外曾祖母是个非常优秀的、人尽皆知的厨师。很快的，外婆就在那家餐厅工作了。

外婆的四个孩子中的老大——我的母亲——是外婆在只有 18 岁时生的。虽然手头拮据，她在财物上欠缺的，却以十倍的家庭之爱来补偿。除了善尽当母亲的责任外，她还有决心与精力来建立自己的警官生涯，并且在布伦特伍德警察局快速地升官。我不确定女性官员与警探在那时候是否普遍，不过我曾想象她

就是先驱。回首过去，我很讶异，一个年纪轻轻的母亲，竟能将家庭与事业平衡得那样有效。当有人问到我的内在决断能力从何而来时，我可以轻易地指向外婆这个绝佳典范。

有一天下课后，我告诉外婆，小朋友们都问为什么我只有一只手臂，她知道我不喜欢这样的问题，就说："你告诉他们，另一只手臂被一条大鲨鱼咬掉了。"

于是，那就成为我的回答。

多年来，每当有人问我这个问题，我就说一个冲浪的故事：我在夏威夷大岛[①]冲浪，被一条6米长的公牛鲨[②]拖下水，上来以后，就成了独臂

---

① 大岛（Big Island），即夏威夷的主岛欧胡岛（Oahu）。

② 公牛鲨（Bull Shark），又称白真鲨，非常具有攻击性，会进入淡水区攻击人类。公牛鲨并不是大白鲨，但好莱坞电影《大白鲨》的剧本，则是根据1916年一连串公牛鲨攻击人类的故事撰写的。其实公牛鲨比大白鲨要可怕得多。

男孩。当然，这吸引人的故事说完以后，我会告诉他们，我是在开玩笑。不过外婆教过我，要主导局面，千万不要感到尴尬或羞耻。

今天，当我向年轻人做励志演讲时，我还是会用鲨鱼的故事来抓住他们的注意力。我细细描述，听众听得如醉如痴，然后我再告诉他们，我是开玩笑的啦，听众就会轰然爆笑，这就转换了我演讲的整个气氛，我让他们看到我的人性的一面，而不是身体的缺陷的一面。

当然，绝不是只有我一个人依赖外婆。每个外孙都能对你述说一个类似的故事，外婆在他们的生命中扮演着怎样的角色。在外婆家我们学到家庭的价值，在我们有需求时，她就出现了。外婆是个强悍的人，但充满智慧与爱。她教导我许多人生的功课，这些是我从别处学不到的。

今天她仍然住在布伦特伍德，尽管退休了，她从不寂寞，我有 14 个表兄弟姊妹，几乎每天都有人去拜访她，去享受她的陪伴，享受她的饼干。目前我住在纽约，每次我返乡，第一个要去的地方，就是外婆家。我愈是周游世界，愈是体会出，没有任何事情比得过去外婆家。

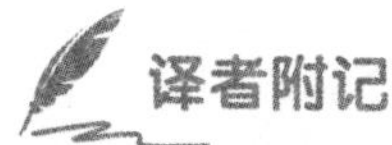

译者附记

2015 年 3 月 20 日清晨，凯文·劳伊接获电话简讯，他的外婆当天凌晨于加州过世。请参看刘屏《劳伊印象记》。

第❸章

“整个村子养个孩子”：感恩身边的人

Missing but more:
The first player missing a limb to play
NCAA Division 1 basketball

Missing but more:
The first player missing a limb to play
NCAA Division 1 basketball

★★★

每个清晨醒来，我依靠我的信念，
为我自己的行为与决定而承接全部的责任。
我意志坚定地深信自己的能力能经由忍耐与勤奋，
来克服困难，达成目标，实现生命价值。

有句非洲谚语是这样说的："整个村子养个孩子。"

当人们写到我，与我聊天时，他们不能理解那种感觉在我生命中的意义是什么。他们意欲进入我的内心寻找答案。他们将焦点摆在我克服逆境的决心上。他们谈论着我的内在驱动力和我的坚毅精神。有时他们因为我是在自我意志的力量下孤军奋战成功，而深受感动。

同样，人们将许多注意力摆在那些嘲笑我、怀疑我、欺凌我、排挤我的人身上。但他们也会去注意那些当我对自己没信心时，对我充满信心的人，以平衡观点。

正如我坚强的意志，我深知，若非养育我的村子，我不可能活出这样的生命。从一开始，我就属于这个村子。尽管我生来残缺，我的父母很可能选择将我当个残疾人养着，投入导引我奋发的种种努力中。他们也许会帮我切肉、系鞋带，不让我跟其他男孩一起运动。他们也许会想紧紧贴近我，确保我不会失败，但他们清楚，这对我可不是最好的。我如果想最终获得成功，就需要看到他们对我的信心。

我当然是奋斗不懈的，常常是竭尽全力。我的村子就是从我的奋斗里进入的。外婆、继父、哥哥麦可，还有姐姐阿什莉。邻居在我们的家漂流不定时，提供了他们的家。同学无视于我的差异而将我当作朋友。我和任何我所认识的人一样，是让整个村子养育长大的。

每个教练都在篮球比赛的种种技法之外，还给了我人生的指引。米克奈特教练教我打球，也教我用不同的眼光去看世界。柯林斯教练给了我他人不可能有的竞争机会。阿瑞特教练帮我成为我想要成为的人。罗尔森教练冒了一次

风险，这是第一级其他 346 个篮球教练不可能做的。除此之外，当媒体问他为什么要这样做时，他告诉他们，教练就该在每个球员身上冒险。他说，许多球员因为自己的错误决定而制造了风险，而我却显现出自己的特色，所以值得拥有别人都有的相同机会。

富兰克林·马丁看出我身上的某些东西，这引发他花了几年的时间拍了一部有关我生平的纪录片。以此，他将我推介给了教练、友人，也打开了他的母校福克联合军校的大门。

还有太多其他的人：老师、朋友、辅导师，如果他们之中的哪一个选择了冷落我，我的生命也许就转向了。真是幸运，他们都帮着养育了我。更重要的是，他们都深知，养育一个孩子，不仅止于防止他失败，更要紧的是，要教导他在每次失败时，如何站立起来。

每个清晨醒来，我依靠我的信念，为我自己的行为与决定而承接全部的责任。我意志坚定地深信自己的能力能经由忍耐与勤奋，来克服困难，达成目标，实现生命价值。我相信上天对我和对我所爱的人身上的计划。

我同时也为养育我的村子而感恩。由于他们出现于我的生命中，我习得绝不将自己的失

败诿过于别人，而是要将自己的成功归于他们所扮演的角色。我的确知道，一个村子养育一个孩子。就是有那么一个村子养育了我。

这就是为什么我送给年轻人的讯息这部分是很重要的原因。这讯息是：带着信念与对自己能力的信任，年轻人就能对那些愿意在他们人生旅途上帮助他们的人敞开心灵。

第❹章

缺而不失

Missing but more:
The first player missing a limb to play
NCAA Division 1 basketball

Missing but more:
The first player missing a limb to play
NCAA Division 1 basketball

★★★

我们每一个人都是独特的，
虽然你们没有像我一样独臂，有这样的身高，能打篮球，
但是你们也有无穷的潜力能够影响到别人，
只要你能够从另外一个角度看问题。

在我们家中，惯称我的左手是“nub”[1]。今天，我以这个nub为荣。它是我的一部分，我很难想象我的人生是活在正常的手臂里。

当然，我并不总是那样的感觉。改变我对这个nub的观念是因为我的“业余体育联盟”教练派崔克·米克奈特，他教导我要拥抱我的nub。有一天他对我说：“凯文，你把事情都看错了，你的nub并不是你的劣势，它是你所拥有的最大优势。”

我没能马上领悟，他解释给我听，告诉我，他一直在观察我，发现了那nub的两件事。首先，所有的骨头本质上都是硬如岩石。其次，那nub看来不那么强而有力，我的左边却是怪异的强。

---

① nub，瘤，凯文断臂愈合形成了瘤。

综合这两个要素，米克奈特教练说：“那玩意儿对于一个篮球球员来说，是件了不起的武器，而没人有这样的武器。”

教练提醒我，常被视为我身上最大弱点的，其实正是我最大的强项。这样的言辞改变了我对人生的整个观感，我很快就体会出他是对的。“体格健全”的球员以手掌向后，来阻挡对手，我可以做同样的事，只是我的对手将尝到一根像石头一样硬的“棍子”戳他们。

“天勾”贾巴尔和凯文

在往后的生涯中，我曾经有机会给篮球名人堂的“天勾”贾巴尔一记nub，他告诉我：“我想我该用勾射来交换你的武器。”卡尔·瑞普金是棒球铁人，也挨过我一记nub，在这之前，他曾对我说：“要是打球时你赏我一记，我可就输定了。”

如果史上最顽强的运动员中的两人都感觉到挨nub的痛，你就可以想象到“业余体育联盟”的对手是非常不想靠我太近的。如果他们真的靠近我，他们通常会试着以牙还牙，花很多时间在重击、劈砍、压挤我的nub，让它在比赛中出局。不管原因是什么，都可没那么容易。这nub太强硬了。在我当今的演说中，我会允许讲台上的孩子像吊梯子横杆一样地吊那个nub。有时候我会要成年人试着将nub向下拉，除非特别用力，否则很少人能拉得下来。

nub是股不寻常的力量，正如米克奈特教练所留意到的，我是唯一有那样东西的球员，所以没有人会好整以暇想面对它。没有米克奈特教练对我的启发与执着，我根本不知道我所拥有的nub在世人看来是一种残缺，但它却是我所拥有的最独特的能力。

等我长大了，我才知道，其实每个人都有个nub。无论我是对着小孩子、大学生，或者企业主管说话，我总是会问：“你的nub是什么？”

他们往往困惑地望着我。于是我解释，我的nub易见，他们的nub却未必。然而，我们仍然都有个nub，也就是，那个会让我们向自己发问的东西。我够聪明吗？够好看吗？我跟我的伙伴一样才华横溢吗？人家会知道我并没像我的同侪一样有所成就吗？如果他们发现我很害羞，或拙于言辞，或受的教育没他们好，会怎样呢？他们知道我与他们有所不同吗？

我们的 nub 就是那些让我们感觉格格不入的东西。我们都有 nub，所以，我们怎么可以让那些东西牵绊住我们？我们的 nub 确实带来横阻。有许多次，因为我的 nub，我接球变得困难，但这 nub 也提供给了我优势，来应付那些挑战。

对于别的 nub 来说，确实如此。盲人会提到他们在其他感官上的优势；生来没有才华的人，往往发展出一套强烈的工作理论，和更佳的组织技巧；胆怯的孩子会在成长过程中，对人类行为有更敏锐的理解。

即使我们的软弱不可能被除灭，他们也可能逐步进化成为力量。

正如米克奈特教练在篮球场上所教导我的，我试着每天去教导别人。接受你的 nub。拥抱你的 nub。想个法子让你的 nub 为你所用。我的教练在过去那些岁月中的简单观察，改变了我的人生。

上天使我生而有 nub，而他没有做错。他使我们每个人都生来有自己的 nub，我相信，发现、拥抱 nub，是我们人生旅程中一个重要的部分。

第❺章

坚定我篮球梦的教练：弗莱彻·阿瑞特

Missing but more:
The first player missing a limb to play
NCAA Division 1 basketball

Missing but more:
The first player missing a limb to play
NCAA Division 1 basketball

★★★

我有一只手，这对我来说已经足够。
我想要成功，是全赖我自己的全力以赴
——一只手臂的全力以赴。

弗莱彻·阿瑞特教练是个篮球界的传奇。退休前，他在福克联合军校当了42年的教练。在这段过程中，他像罗伊·威廉斯、麦克·谢夏夫斯基、鲍比·奈特一样，赢得了“传奇教练”的殊荣。他也曾拒绝了其他大学的珍贵工作机会，因为他认为，作为福克联合军校的一员，他可以贡献更多。

在世一天，我只要想到福克联合军校，首先就会想到我的教练。我知道并非只有我一人心存感念。我是个大块头——6英尺11英寸，250磅。我的人生都跟大块头们在一起，但是这位瘦小的老人，却是我所遇过最令人望而生畏的人。他是个严厉的角色，但，也是位伟大而信仰敬虔的人。

当一开始有人建议我参加福克联合军校时，我不解其中缘由。我不懂为什么人人都向往那里。然而我有一个篮球梦，有人建议我去那个团队试投看看——140多个有潜力的人当中，他们只留下12个球员。接着我就看到了这些球员有多棒，篮球基础有多坚实。我开始怀疑，福克联合军校会不会给我最佳机会去打第一级篮球。

更重要的是，我知道了一点有关阿瑞特教练的事。听说只要有阿瑞特教练的推荐，他的声望足以感动一个大学教练提供奖学金给学生。事实显示传言不虚，他送了400个球员去大学篮球队，超过200个进第一级计划，7个进NBA。毫无疑问，这位正是我要为他效力，拜他为师的对象。

教练是位老派人物，我们都需穿上护身绷带、名牌与制服，从头到脚毫不马虎。每天的练习，我们都要跑5到8英里路。练球时不可以犯

规，不可以越线，一切按部就班。阿瑞特教练深信，那打不死你的，会让你更强壮、更快速、更卓越。这也是我们深信的，因为我们信任他。

当我在福克联合军校打球时，我们是全美排名第五的预校球队。我是先发中锋，以篮板球和抄截来带领球队。阿瑞特教练收了我这个还过得去的球员，却将我打造成相当不错的篮球球员。他建立了这个绝好的制度，组成了一个坚强的队伍，将我摆在通往成功的位置上。

在球季里，我们跟布鲁斯特学院对打，这是排名第一的球队，球队里有四位“麦当劳高中全明星赛”① 球员，包括托马斯·罗宾逊，此

---

①“麦当劳高中全明星赛”（McDonald's All-American Game）是美国最著名的高中毕业生篮球赛事，每年举办一次。参赛者来自美国和加拿大最优秀的高中毕业生篮球队员。参加比赛的球员，都可称为明星球员。

人后来为堪萨斯大学和“波特兰开拓者”球队打球。我们赢了他们15分。我跟托马斯捉对厮杀，我打得还不错。那场赛事，很多我们熟知的大学教练都在场，我们每个人都拿出浑身解数。我让自己有乐观想法，相信这场球赛最终能让我获得我一直全力以赴、想要得到的奖学金。我的队友中有许多人已经拿到奖学金了，而我却一无所得。实际上，我的整体成绩比很多人都要好。

我的乐观证明是虚幻一场。没有一个奖学金朝我而来，我的沮丧开始浮现。

当阿瑞特教练带我去福克联合军校小教堂，对我示以同情时，对我真是意义重大。我告诉他，我打得真的很好，但是，因为我只有一只手臂，没有人要给我那我应得的机会，我很苦恼。他倾听我诉说，也向我解释，许多教练视

与我签约为一项冒险，他们担心，如果冒险失败，他们会失去饭碗。

更重大的意义是，他与我一起祷告，劝我不要放弃自我。阿瑞特教练告诉我，要将信心放在上天的身上，他会将我置于我该处的位置上。他叫我要有耐心，承诺与我一起想办法，让我能拿到第一级奖学金。我从教练身上学得忍耐，那是我迄今仍然在学的功课。

生命中有他，真是幸运。如果没有他，我真不知自己会成什么样子。在军校里有些时刻对我而言真是严酷，我在国家的另一端，离家3000英里。那是一所纯男校，没有个人隐私，甚至没有澡堂。我们每天被吼来吼去，早上5点起床，晚上10点上床。

9个月来，日复一日，每天都过得一样。军事学校想当然不好混。让一个男孩相信自己必须变成个男人，真是不容易。学习那一类的纪律很困难，但我却从教练那里习得纪律，这是别处学不到的。

我也理解到，纪律并不排除温馨之情。整个校园看到教练在训练时对我们严厉指责，或者在比赛时对我们大吼大叫。但他们并没看到，每周两次，他会召集我们在他自己的教室开会。所有的篮球队员都到齐，听他分享他的人生经历，听他念《圣经》经文。

球场上，球场下，阿瑞特教练影响了几千个孩子，他以各种方法，改变了许多人的命运。他真是个充满传奇的教练，就算他没有听过凯文·劳伊这个名字，也是一样。但是，若非那段与弗莱彻·阿瑞特相处的时光，我知道，我绝对不可能成为今日的我。

第❻章

认定自己的追求，跌倒也要爬起来

Missing but more:
The first player missing a limb to play
NCAA Division 1 basketball

Missing but more:
The first player missing a limb to play
NCAA Division 1 basketball

★★★

虽然我经历过那么多的事情，可是当我改变我的人生观后，
我的生命就真的发生了改变。

福克联合军校离我加州普莱森顿的家3000英里，除了书信往返，没有其他联络方式。我们不准用手机、脸谱[①]或其他现代通讯产品。写信回家或接家人来信，是唯一对外的联系方式。一到弗吉尼亚，我就想家了。

像所有的军校一样，福克联合军校刻意让环境严苛。我们被迫远离文化，脱离享受。所有的学生都是男生，我们被严格要求，一个命令，一个动作。我还算好，进入福克联合军校，是为一圆成为第一级篮球球员的梦想。我愿意忍受规定、纪律、粗活，以及难吃的伙食，只为能看到美梦成真。

除此以外，我几乎让未曾料及的精神困乏给压垮了。在球场上，我表现特佳，在精英球

---

① 脸谱，美国知名社交网站Facebook。

队中，我位于最有价值球员之列，拿到领先得分球员第三名，篮板球和抄截则是第一。我的队友都以篮球奖学金得主身份进入大学，有两个队友原本是坐冷板凳当我的候补的，都在大量选拔中进入第一级课程。一个最后去了佛罗里达大学，另一个进了“要塞军校”。每场比赛，大学球探都会去盯他们。尽管我跟他们一起打球，积分领先，我就是没被选上。我知道，因为他们有两只手，而我没有。

我的队友也都知道。他们会开开我的玩笑来舒缓紧绷的气氛，他们知道我应该得到更好的结局。教练们当然也都知道。我的教练向我解释了无数次，大学的教练就是会抄近路，因为他们对一个独臂球员不知如何是好。有时候，球打得没我好的人甚至会觉得有点罪恶感，因为，他们被选上了，而我没有。

这对于我们全体都是可怕的体验。我不想让他们感觉难过，我为他们高兴，我知道他们都赢得了自己的机会。我开始整日郁闷，心灵上的疲惫销蚀了我的决心。

在《远投——凯文·劳伊的故事》纪录片中，记录了我的福克联合军校教练在我试投之后，跟助理的对谈。他们坦率提到，对于一个独臂球员，他们实在不知道该怎么办。阿瑞特教练最初对我茫然无措，富兰克林·马丁，制作这部纪录片的这位前球员与教练，也是不知如何对我使力，直到我证明了我自己。

这些人都是我的最大支持者，如果他们都要历经一段长时间才能相信我，而那些大学球探就只见过我那么两三次，我还有什么机会去赢得他们的信任呢？我觉悟了，我必须经常去克服所有的教练都有过的这种心理障碍。但，我也知道，那可能要付出我更多的时间。

从积极的一面来看，我在福克联合军校的学业成绩是卓越的。从小学三年级有阅读障碍到读预备学校时全班第一，我确实大有精进。在大学教练知道我是个实力超强的学生之后，有几位教练鼓励我朝拿学业奖学金的方向努力。我理解，他们并不是诚心想让我成为一个篮球球员。作为一名教练，他可以让我进入他的篮球课程中，却无须赌掉自己的声誉，或者使用掉他手上有限的奖学金。

除了少了一只手，我从未感觉自己是残障的。我反而认为教练们是“残障”的。他们无法理解我怎么做、我做了什么，他们也不知道如何将我融入他们的球队中，将我打造成优秀球员。

我站在十字路口，在一个追求真理的时刻，

犹疑着该继续追逐那如今看来多么不可能的梦想，或者，就轻易放弃了吧。我想放弃了。

就算没有篮球的压力，福克联合军校也令我感到沮丧。或者是因为离家3000英里，或者是因为我的纪录片需要一个美好的结局，这些都让我倍感压力。我18岁的背上驮负着整个世界的重量，我必须成功。后来我理解我是成功的。我是个杰出的篮球球员和学生，只是，没有教练给我机会，让我在下一阶段能成功。

我的人生进退维谷。每天，我问我自己："我在这里做什么？不管我表现得有多好，如果每个人都心意已决，那么，我在这里做什么？"

在军校里，我们有很多时间都在齐步行进。对我来说，那是很苦的，因为，那意味我必须每天都在重估自己的一生。当你齐步行进时，你所做的就是思考。你的身体成了机器人，你退缩入脑子里。我所有的，只是思想，而我的思想是负面的。我不知道自己在做什么。我的未来如此不确定。想要放弃的心是如此强烈，很难去想其他的事情。

每次学校放假回到加州时，我说的第一句话就是：“我绝不回去！”我说的是真的。我去看朋友，他们大部分都是从学校返家的。他们会畅谈快乐时光与宏伟计划，但我是如此郁闷与痛苦。我不知道自己所为何事，每一次假期结束，我都需要被人劝着哄着上飞机。

如果不是因为2008年美国的经济遭遇困境，事情可能大有不同。突然间，我的父母全力在为财务奋斗，还必须改变他们的退休计划。显然，这回我唯一能进大学的机会，是要弄到一份全额奖学金。除此之外，读福克联合军校，我是靠奖学金的，我必须立下一份承诺，这包

括，如果我不能坚持读到底，就必须补缴学费、住宿费、伙食费。我没有资格半途而废。

我可是困陷在军校里了。

当生命面临从未有过的绝望时，阿瑞特教练将我带出房间，要我坐在小教堂里。他感知到了我将放弃。他提起我的信仰，要我忍耐。他告诉我，上天以人所不能预知的方式来工作，他承诺会全心全意支持我。

有时候，事情就是那样简单，我的教练告诉我他多么相信我。尤其是，他还让我知道，他很清楚我将会度过这一切，而在我的奋斗历程中，我是不会寂寞的。

一如往昔，阿瑞特教练说对了。我保持着努力，增强自己的信念。拼搏持续着，而我的自我怀疑不见了。我追寻真理的艰难时刻过去了，我期待着上天的计划本身向我启示。

第7章

生命影响生命：史恩和史奇普·康诺尔斯的儿子

Missing but more:
The first player missing a limb to play
NCAA Division 1 basketball

Missing but more:

The first player missing a limb to play

NCAA Division 1 basketball

★★★

我用我的力量改变了一个孩子糟糕的成长经历，

不要觉得一个人的力量很小，这也会形成涟漪影响世界，

我想这就是我生活的意义。

直到进入高三，我才成为篮球校队的队员。进了校队，我很快就在地方上获致相当的名声。没有人看过独臂篮球球员，在我加州的家附近的报纸、电视台对我的故事相当着迷。

大约就在那个时候，我接到邻近城镇一位年轻母亲的电话。她告诉我，她的儿子，一个读小学二年级的孩子，名叫史恩，生来也是只有一只手臂。当我们闲谈时，她所说的内容大部分听来非常耳熟。

史恩是个容易受欺凌的目标。他很畏缩，不愿意尝试交朋友，学校功课很糟，像极了我在那个年纪的时候，他常觉得茫然。他的母亲问我，我能否愿意去史恩的班上说说话。她认为，在那样的景况中见到我，可能会激起史恩的信心。

唯一的问题是，我自己还是个孩子。史恩

的妈妈可能不知道，站在一间满是陌生人的房间前方，说话时众多眼睛盯着我，这情景会让我胆怯。我很愿意帮忙，但我心有余而力不足。

好了，妈妈发现这件事了——正如我对这男孩心有戚戚焉——她很快就对这男孩母亲的痛苦感同身受。妈妈懂得明辨是非，所以坚持我咽下恐惧，去做对的事。

所以我就紧张兮兮地去到那所小学，然而，当我进入教室，我知道我做对了。史恩的脸亮了起来，我几乎可以看到他转换自己，成了正常的学童。我跟孩子们说话，结束时，我将史恩扛在肩上，并且送了他一个我特别为他签名的篮球。

我很开心我尽了心力，但很快我就退回到关注自我的少年日常生活里面。几个星期以后，我的电话又响了，听到史恩的妈妈在电话那一

头，我蛮讶异的。一开始，我担心是否那次的任务我没有做得很好，所以她打来要需索更多。接着我听到她的哭泣声，于是我担心史恩大概遇上什么不好的事了。

都不是，她向我道谢。她认为我应该知道我在她儿子身上所做的简单的动作，对他的生命造成多大的影响。她告诉我，史恩晚上抱着篮球睡觉。更重要的是，她说，我的到访改变了史恩的同学对他的看法。我与他们短暂地谈到我自己的成功，已经为其他的孩子打开了一扇门，他们会问史恩一些有关他想做哪些意想不到的事情的新问题。不过是短短几个星期，史恩已经从受到排挤变成“男孩们之一”了。

上天赐予我天赋，这天赋影响了我的生命，也影响了别人的生命。我将之铭记在心，所以，今天我克服了站在人群面前的恐惧，环游世界，分享我的故事。我永远不会知道，我何时还会遇到其他像史恩一样的孩子，不过一旦我遇上了，我永远愿意提供协助。

★★★★

稍早我提到《纽约时报》的一篇文章跑到曼哈顿学院贝利·罗尔森教练的桌上，改变了我的人生。我的朋友史奇普·康诺尔斯也读到了这篇文章，一连串事件的发生，也改变了他的人生。

史奇普是20世纪80年代一位超级优秀的第一级篮球选手。他出生于新泽西州，在转到马萨诸塞大学，成为一个非常成功的学生运动员之前，他先进了我的母校曼哈顿学院一年。直到今天，马萨诸塞大学篮球队员的杰出学生奖学金都是冠上“史奇普·康诺尔斯奖”的殊荣。

在那篇文章被刊登之前，史奇普的妻子雷

恰尔生了他们第一个孩子，是个男孩，叫杰克逊。任何新当父母的人所做的第一件事，就是会去算宝宝的手指、脚趾数，而史奇普算起来，数字少了。跟我一样，杰克逊生下来就没有左手（不过他是在手腕处短少了）。

史奇普很快经历了我父亲曾经历的感觉——震撼、失望、惊恐、挫折。他不知道他的孩子如何能有个完好的人生，他深深自责。

出于挫折感，他表现得不像一个得到新生宝宝的典型父亲。他没有通告朋友、家人，而是封闭了自己，没跟几个人谈到自己的儿子。就在这样的景况之中，他在《纽约时报》的头版看到了我。他以前不知道我。他听到医学专家谈论他的儿子，不过这篇文章来自他自己的领域。我是个篮球球员，不是医生。史奇普盯着照片中的我，却看到自己的儿子。

杰克逊

之后不久，他又看到我签了意向书，要到曼哈顿学院打球，史奇普就打了通电话。他跟罗尔森教练是老朋友，而史奇普总得找个人聊聊。他在电话中哭泣，问道，他能否见我。

教练邀请他到曼哈顿看我首场练习。我知

道他一定会到。教练告诉我他是谁，也说明了杰克逊出生时的环境。我练球结束，向前跟他握手，大致认识了他。当我们聊天时，我发现我的鞋带松了，我跪下去拾起鞋带，不假思索就系好了，而当我站起来时，史奇普放声痛哭。

一开始我不明就里，接着他说："凯文，看你打球真是享受，但，别提这个。我刚才看你系鞋带，现在我知道我的儿子可以做任何事情了。"

突然之间，我也激动了。那样影响别人的方式，是一种祝福。就那么简单的一个系鞋带动作，转变了一个痛苦的父亲对儿子的看法。他不再担忧杰克逊要如何完成生活中简单的工作，也不再去想什么事情儿子可能办不到。那天晚上回到家，看着自己的宝贝，他第一次意识到，他可以在教养过程中让孩子相信，自己能做任何事情。

现在想来好笑，外婆曾告诉我，在我出生的时候，他们担心我将来不会自己系鞋带。我必然是很将那句话当回事，因为当我在校园里演讲时，我通常会挑战学生来一场系鞋带比赛。当我先完成时，这是个很棒的方法可以让学生知道，当别人认为有些事情我们办不到时，我们是可以办得到的。

今天杰克逊是个世界上最讨喜的小孩，他爱死篮球了。他将所有的闲暇时间用在电脑上，了解 NBA，他可以在一个篮球益智问答游戏中搜寻到任何人。他就是要当个球员。史奇普与雷恰尔在他们纽约的家中为他装置了一个小球场，每一次我去拜访时，我都会试着教他一点新玩意儿。

他还是个小男孩，不过我最近开始注意到，他在一个地方联盟打真的篮球。在一场冠亚军

赛中，他的球队赢了。他还投进了几个超棒的球。看他打球真是过瘾。

更重要的是，跟两位如此不可思议的像史奇普和雷恰尔这样的父母坐在一块，回想我在他们家庭幸福中所能扮演的微小角色，真是绝好的报偿。

第❽章

“我”的人生有“你”的功劳

Missing but more:
The first player missing a limb to play
NCAA Division 1 basketball

Missing but more:
The first player missing a limb to play
NCAA Division 1 basketball

★★★

如果你和身边的人一样努力，
那你的成绩就跟他一样。

我的初恋是棒球，这跟吉姆·亚伯特颇有点渊源。他最为人知的是在 1993 年，为扬基队投了一场无安打球，他同时也是美国奥林匹克队和加州天使队中的明星投手。生来没有右手，他发展出一套技法，在投出一球后，将棒球套从右手臂下方转到左手，动作一气呵成。那动作真是酷，所以每个“少年棒球联盟”的球员看了都想模仿。尽管他们有双手，他们还是想试，就像他们想模仿贝瑞·邦兹的挥棒动作和瑞奇·韩德森的盗垒方式那样。

自然而然，过不久他们就都不学了，但我却是早晚练习。最后，我的手套转换几乎做得跟吉姆一样棒，而我也就成为当地青年联盟的“全明星”棒球球员。

在我见到吉姆·亚伯特以前，我从未见过单手臂的人，我以为自己是独一无二的。尽管他缺的是右手，我是左手残缺，在电视上看到他，却让我有了第一个启示：只有一只手臂，也许不会阻断我活在梦想之中。

有句老话警告：千万别见你心目中的英雄，否则现实会让你失望。但，在高中时，我逮着机会见到了吉姆·亚伯特，而我一点也不觉得失望。

他与我并肩而坐，细细打量着我。如今回想，很清楚，他意识到他在我生命中的角色，因而尽力营造我对他的印象。他了解我不仅仅是个粉丝而已，我对于我们聊天的每一个字都全神贯注，而他引我进入重大思考。“就像我是你成长中的英雄，”他说，“你将来也有机会成为别人的英雄。”他告诉我，英雄，是我该努力以赴的目标，然后他提醒我，英雄要背负很大的责任。我从未如此受到激励。我告诉他我了

扎克、杰克逊和凯文

解，但——立于他身旁——那想法实在是太巨大了，令我无法真实掌握。

在 2013 年，佐治亚州阿尔法内塔的米尔顿高中，一位年轻人逐渐在大学篮球球探和教练之间冒出名气。他有 6 英尺 4 英寸高，身手矫健，具有了不起的全场视野，有能力中空灌篮，拔身跳投。

而他只有一只手。

高中毕业后，扎克·霍德金斯同意到佛罗里达大学打篮球。在两度当选全国冠军教练，也是前 NBA 的控球后卫比利·唐诺凡的邀请下，他成为优先替补队员。

他步上了一条我曾协助清理的道路。

我津津有味地阅读有关扎克的资料，最后，决定给他打个电话，表达我的鼓励。我们马上就投缘了。我们聊了一个小时，后来在他第一

季当“短吻鳄队”[①]队员时，又继续交往聊天。

在交谈的许多电话中，有一通，在结束前，我跟扎克说，当我还是个小孩子时，我多么景仰吉姆·亚伯特，拥有一个与我有关联的运动员英雄，对我而言，是多么重要。他同意我的说法，然后，他加上一句：“凯文，你是我的英雄！”让我受宠若惊。

听到那句话，我对他的责任意识倍增。我爱扎克如同亲兄弟，愿意尽我的一切去帮助他成功。但此时我体会到，我对扎克的责任，还包括实践我对吉姆·亚伯特的承诺。

实践那个承诺，是我生命里最大的祝福之一。我知道，一旦扎克的时间到了，他就会接

① 完整名称为“佛罗里达短吻鳄队”（Florida Gators），是佛罗里达州跨大学的运动队。有棒球、男子篮球、女子篮球、足球、橄榄球、男子高尔夫球、女子高尔夫球等二三十个运动队。

下吉姆·亚伯特递交给我的接力棒，继续去体悟随着激励而至的那份责任。

第 9 章

我的故事：从美国到乌干达

Missing but more:
The first player missing a limb to play
NCAA Division 1 basketball

Missing but more:

The first player missing a limb to play

NCAA Division 1 basketball

★★★

我最不想的事情，就是成为环境的产物。

我有一个梦想，一旦我知道如何改变看待自己的方式，

就能让每个人都相信，

没有什么梦想是不可能达到的。

大学毕业那年夏天，我应邀到纽约富丽堂皇的华尔道夫酒店去参加一个活动，那是一场为“残障运动员基金会”举办的募款晚宴。基金会的成立，是为了支持有意参加体育竞赛的肢体残障者。

那晚我遇见了董事会一位成员迪恩·洛波。寒暄时，他告诉我，他的女儿，一个高中篮球队员，已经为被称为“黑暗地带”的乌干达的一个落后地区，募款建造了一座篮球场。那个地区以犯罪与毒品活动猖獗闻名。

这是个简单的计划。他们清理一块丛林地，将地面铺平、油漆。不过是座球场，成百的孩子和大人却可以每天去打球。那里也成为人群聚集，无需畏惧有人犯罪的安全之地。

迪恩跟我说，有个训练营要在那座球场举行，旅程即将展开。他随口问我，有没有兴趣加入那个旅行团。他认为，有个像我这样的具有大学篮球队员背景的人，将会很有利。我同意了，他当场让他的助理为我订了一张机票。在我弄清楚状况之前，我已经在非洲了。这是我头一遭来到世界的这个角落。我们访问了肯尼亚和乌干达。我为亲眼所见的许多事物感到惊讶与着迷。在逛当地市场时，我看到刚宰杀的动物，跟我在家乡的购物商店比较起来，这样的店铺真是野蛮。不过我也对非洲社会许多进步的元素感到惊讶，到处有孩子骑摩托车，他们不时用手机通话。在那样情景下，他们就像我加州的青少年邻居。

乡村中的生活形态是很朴拙的。我们拜访了一些朋友，家中是泥巴地，摆设简单，一两个房间。他们真的是满足的，见到我们非常开心。我们的主人总是笑容可掬地祝福我们。

乌干达的人民教导我，当你去除生命中的物质需求时，幸福是唾手可得的。我的看法是，日常最大的回报就是幸福，我乌干达的朋友对此似乎有独特的体会。站在他们的角度，他们比大多数的美国人要幸福。

我们的宣导团在篮球训练营中一点也不寂寞。乌干达最好的篮球队也在用这个球场做日常比赛与训练。我们主持着训练营，后来我就跟他们一起练球了。乌干达球队的球员真是不可思议，他们的年龄从 25 岁到 30 岁，其中有几个极特别的运动员，但他们没有我所拥有的篮球知识。我在高中时代大概无意间接受了比较好的教练指导，这是他们一辈子遇不到的。有个球员能轻易地做 360 度转身扣篮，却不知道在做简单上篮时，该用哪只脚跃起。于是我承担了教练的角色，在一块新大陆上，跟一群新朋友亲密联结。

训练营到了尾声，我们决定放映一段粗剪的有关我的生平的纪录片（当时原片还未制作完成，还没有在电影院上映）。他们钉了一张大床单在墙上当银幕。我们所在的那个房间原本最多只能装 10 个人，而我们却挤了 40 个人。观众包括传道人员和篮球队员，大家或坐在椅子上，或坐在彼此的膝盖上，或坐在地面上。

当影片放映时，我觉得难过。我知道，根据我自己的判断标准，我已历经诸多考验，从挑战中学习，变得坚强。我知道上天在我整个人生前面布下横阻，有他的理由。

然而，我们乌干达的朋友，却每天都遇到同样的难处。他们的生命被贫穷、疾疫与饥饿以我所未能思及的方式挑战着，他们的精神令我谦卑。跟他们在一起观看这部影片，我开始

领悟到，我真是有福。

当影片放映时，一片岑寂。没有人说话，每个人都专心盯着银幕。我很紧张，当看到我在银幕上抱怨、显得灰心丧志时，我怕观众的眼光会转向我。然而，等到片尾字幕出来时，我就宽心了。回头一望，大多数的人都泪流满面。篮球队员们一个个站起来，说了些关于我、关于影片的评论。然后，他们的教练站了起来，说："凯文，是上天要你到这里来的，我们就是需要这个胜过其他的一切，我无法表达这对我们的意义。"

最后，球队队长、最受尊敬的那位球员站了起来。他哭了，对我说："凯文，我的队友们并不知道，我有白血病，后脑部还有个肿瘤。医生们都叫我停止打球。我在球场上晕倒过，教练说，我应该退出。然而，你没放弃，我也绝不放弃，是你展示给我看的。”

这是我一生中最棒的经历。我卑微的故事被带到世界的另一端，触动了一个陷于愁烦中的生命。一场球赛使我们成为好友，一部电影将我们永远联结。

我将自己的一部分留在乌干达，带着另一部分的我回家。正如许多我被召去过的特殊的地方，那个美丽的国家及其人民帮着塑造了我，引领我更靠近我的使命。

第 10 章

与众不同的 7 年：我纪录片的庆功宴

Missing but more:
The first player missing a limb to play
NCAA Division 1 basketball

Missing but more:
The first player missing a limb to play
NCAA Division 1 basketball

★★★

人生常会遇到挫折，在我的看法中有两种选择，
你可以放弃，也可以找到方法成功。

很难说明成为一部纪录片的主角是什么感觉。当制片人富兰克林·马丁开始记录我的生活时，我才15岁。影片完成时，我是一名大学生。影片公映前，我大学毕业了。

这并不像真人秀那样，没有隐私，摄影机24小时整天摄录。而是，马丁必须每几个月到镇上来一趟，或者偶尔当他无法来时，派一组摄影人马到篮球赛现场摄录。有些时候，这确实让我感到浑身不对劲。好几次，摄影人员跟着我进到教室、置物柜室，甚至淋浴室里。不过我很想知道，我是否给了富兰克林最好的时机，以制作最好的影片，毕竟，他花了好多年来说我的故事，却不知要说到何年何日。他始终知道我赢得篮球奖学金可能渺无机会，而他的努力很可能付诸东流。

正如投入一部影片的制作对于一个高中生

来说，是那样超现实，影片终于在院线上映，亦复如是。

说清楚点，《远投——凯文·劳伊的故事》不是一部大型电影，所以并不会随着隆重推出举行盛大首映。不过它是一部受到重视的纪录片，吸引了许多影评人、媒体，以及对这一类型电影有兴趣的人的关注。它广受肯定，并被认可为 2013 年参评奥斯卡金像奖的纪录片。

这部影片其实在 2012 年有过短暂首映，但是，当桑迪飓风重创纽约及其邻近地区，造成电影院电力中断好几周后，计划在这个城市的首映周被迫缩短。随着霉运的袭击，主要院线的首映被往后推挤到 2013 年，连带有了东西两海岸四个城市的旅行。

对我来说，这意味着能够接触到媒体。将近一个月，我大量接受来自电台、报纸、杂志、网络、地方电视新闻、有线电视等等的想象不到的人物的专访。

有短访，有长谈。我亲自受访、跟富兰克林一起受访、跟制作人朱利安·麦克马洪一起受访。

我在新闻节目、体育节目、娱乐节目中接受访问，采访者从声望崇隆的媒体巨星像拉里·金（Larry King），到搞笑的喜剧演员阿迪·兰格（Artie Lange)。我的任务是让人们产生兴趣去看这部影片，以便对我有点了解。

我充分享受了媒体，我喜欢见新的人群，我得到机会在每一个停驻的地方跟评论员、制作人、订约代理人和职员们一起工作。说实话，最辛苦的部分，是每个晚上专访结束后，我必须到多媒体室去观看影片。

我对这部影片感到骄傲，也恭喜富兰克林

大功告成。对这部完成的作品，我可是一点都不感觉丢人现眼。只是坐在挤满人群的电影院中，成为彩色、高清晰度画面当中众人注目的焦点，让我觉得不好过。特别是，还要一而再地看到你自己拿低分、失误、不成熟的球技表现。我不觉得自己有虚荣心，但有些画面就是让我看不下去。

所幸过去与未来所发生的每一件事，都大大弥补了我观看影片时的手足无措。作为一部影片产制的一部分，就如同作为一个紧密结合的社群的一分子。有太多人希望你成功，无时无地不想伸出援助之手。一部纪录片的公演，不会带来好莱坞式的红地毯，但确实有它荣耀的时刻。当我被拉到一边跟一位著名的运动员或电影明星合影时，我就跟任何人一样，像个追星族。我也亲眼见到作为一个公众人物的阴

暗的一面。奥斯卡金像奖最佳女主角得主蕾妮·齐薇格为支持这部影片，和善地到洛杉矶参加电影首映，当她和我合照的相片被发布时，有些八卦专栏作家坚持，她做了整容手术，变了容貌，这造成了一阵轰动。

最特别的是，这部影片的首映，再次将我与老朋友们联结起来，也让我交到了新朋友，尤其是筹划在我的故乡加州普莱森顿举办特别首映会时。

大多数的人都会想到过去的某个时刻，因为毫无预期地巧遇老友——一位我们真正喜爱的朋友，又有了机会缅怀过去，闲聊未来。遇此机缘，分手时会感觉十分快意。于我而言，家乡的首映周真像是好运接踵而至。每一场公演都带来失联已久的老面孔，历历往事，与诚恳的祝福。记忆中，我从未感觉过我竟会如此受到宠爱。

在纽约与洛杉矶，熟面孔就不多了，但心情上却又觉得熟稔。虽然除非必要，我依然无法坐在那儿从头观影到最后，我在每场影片放映时，会在电影院大厅见到老朋友、新朋友，然后再适时溜进黑压压的电影院中，接受提问。

我不能说我想将人生都花在电影上面。我与《远投——凯文·劳伊的故事》的关系让我小尝成名滋味，这仍然令我很想体会一下约翰尼·德普走红毯的样子。不过我也想象不出，在拥有殊荣后，与许许多多心怀谢意的朋友分享我的故事，感受到他们以充盈的爱来回馈我，是否有好莱坞的明星也能感受到我的体会。

第 11 章

谷歌演讲经历：将自己看作是个创新者

Missing but more:
The first player missing a limb to play
NCAA Division 1 basketball

Missing but more:
The first player missing a limb to play
NCAA Division 1 basketball

★★★

在每一个事例中，我都要尝试许多方法，
经历许多次失败，直到找到正确之道，
才学习到如何去做。

我从小生长在离谷歌加州总部山景城开车不远的地方。谷歌总部是个大园区，号称“谷歌园区”。

在今天，作为一个励志演讲者，我有机会到一些世界上最大、最成功的企业里，向他们的领导者说话。住在纽约，我有机会跟“世界500强”（Fortune 500）企业、顶尖财务公司，以及娱乐企业集团一起工作。我曾被邀请去几家世界上领导级的教育机构演讲，我甚至在联合国演讲。但，作为一个在硅谷长大的孩子，有机会去向谷歌决策者团队演讲，正是我一直梦寐以求的。

我的一位辅导师，杰瑞·坎宁，邀请我到他的谷歌销售团队去演讲。除了一屋子专家外，他还通过视频会议，安排了几个远程办公室的外地团队听讲。放眼望向屋内的那些面庞，也惊奇于将那些远方真实的听讲者送到眼前的科技魔幻，我开始怀疑，我是否够格演讲。

首先，那些望着我的人，许多都接近我的年纪。一如许多高科技环境，谷歌是一个年轻人的公司。他们的雇员都是全世界聪明绝顶，最受欢迎的年轻专家。他们之中有许多人经历了比我更严峻的汰弱留强的筛选才能加入这个优秀的企业。我开始怀疑，他们究竟能从一个独臂篮球球员那里得到多少激励。

很庆幸，杰瑞很精巧地将我推了出来。在介绍我出场以前，他放了一段从《远投——凯文·劳伊的故事》纪录片中剪辑出来的短片。在提问之前，我花了 10 到 15 分钟的时间讲述我的故事。

当对话开始时，我不再担心自己是否够格。我的听众专注而和蔼，不吝赞美，但我很快就发现，他们提的问题，和其他的听众有点不同。他们大多数问题的开头都是“你怎能办到？”或“你如何办到？”他们几乎没什么兴趣问到我曾面对过的篮球队员、军校里的挑战、学校生活，或其他一些别的听众群可能感兴趣的议题。

不管问题是我如何系鞋带、如何用 iPhone，或者在快攻时如何接球，这个团体的问题都聚焦在我在不同的例行事物上，是用什么方法来完成的。直到正式演讲结束之后，当我们几个人留在演讲厅里聊天时，我们才能真正厘清为什么我的方法态度是这样的。

谷歌，像其他高科技公司，处于创新商业之中，它的进步始于如何将现有的任务以不同方式来完成的概念上。经历一趟谷歌世界，让我将自己看作是个创新者。我的创新显然不是高科技，但生活已经强令我以新的方式来做老旧的事情。

事实就是，我的确自己系鞋带、使用iPhone、在快攻中接球。在每一个事例中，我都要尝试许多方法，经历许多次失败，直到找到正确之道，才学习到如何去做。我每天活在一个不是特别为6英尺11英寸高的独臂人所设计的世界中，冒着自我膨胀的风险，我通常处理得还相当不错。

自那一天开始，我挑战自己要创新，试着将创新的意念置入每一件我所做的事情之中，不再将自己限定在独特的身躯挑战上。我寻找新方式来激励年轻人，发明新方法——包括这本书——将我的讯息传播给广大听众。最重要的是，我已经找到了新方式来分享我的见证，用我的讲台，来帮助他人找到自我。

这并不是说，我是要坐在谷歌的一群创新者之中，才能发展出一套先进技术来帮助这个世界。而是，感激有那么一天，我花了时间跟他们在一起，让我发现了创新之道，可以使自己成为更好的人，过更好的人生。

第 12 章

我的使命：激励人们走向美好的生命

Missing but more：
The first player missing a limb to play
NCAA Division 1 basketball

Missing but more:
The first player missing a limb to play
NCAA Division 1 basketball

★★★

不管你有没有这个基因，也不管你高矮胖瘦，
当你去做这件事情时，你认真地去做，你享受它，
其实这是最重要的。

我领悟到，我必须帮助那些我应该去帮助的人。

当我刚开始小有成就时，许多能够获致成功的机会就冒出来了。我的电话开始响了，成百上千的人要求我以各种不同方式去接触社群。我是很想去的，但我无法满足每一个邀请，一天就那么些时间，是不够用的。

当考虑该追逐怎样的机会时，有些决定很容易。我很有幸去会见小朋友，许多孩子都有残疾，因而视我为一种正面的影响。那些以仁慈待我的，我极愿意抓住任何机会，回报以仁慈。我也尝试着拨出时间给大型团体，因为这样似乎较有效率，一次可以见很多的人。

由于投入愈来愈多的时间在社群中，我开始思考，也许我可以为一生的志向和事业做准备了，我发现那很振奋我心。我想将精力集中，这样应可获致更大的成果。所以我认为，我该将重心摆在那些像我一样，极可能被我的故事所激励的人们身上。

心中有了这样的念头，我就参加了“残障运动员基金会”，这个组织是特别服务于那些尽管身体残障，但想要参与运动比赛却困阻重重的人。通过那个机构，我在各处都会遇见一些最有创意灵感的人，我也常因他们可以在我的生命中找到激励，而心存谦卑。

我很有幸，被选中在联合国“助残日”节目中演讲。

然而，很快地，我了解到，如果我想跟“像我一样的人”说话，我不需要将对话对象限定在看来跟我一样的人身上。是的，我始终活在只有一只手的挑战中，但，对我而言，其中的意义远超过那样。当我开始那样思考时，一

个崭新的世界就开启了。

我加入了“男孩女孩俱乐部”，花了整个夏天走访他们许多场地。虽然我没有遇见任何一个俱乐部成员是少了一个肢体的，我却每天跟父母离异的，或是单亲的年轻孩子们在一起。我跟无数的孩子聊天，这些孩子因为父母必须长时间工作，无处可去，所以来到俱乐部。我也遇到一些男孩女孩，因为心中有梦想，而遭到朋友嘲笑的。这些嘲讽让他们大部分的人怀疑自我。我还遇到一些孩子，他们的生命浑噩飘荡，所以在学校里严重落居人后。

换句话说，我所遇到的孩子，真像我自己。

通过我在“特殊奥林匹克运动会”的工作，我会见了许多像我一样的孩子。这些运动员在心理上、情绪上的障碍，远甚过肉体，但他们在感知上打了许多场仗，这些感知，跟我纠缠了一辈子。

我拜访大学和高中，因为，与我一样，每个学生都要在这个世界上调适、找到自己的位置。我向企业界的听众演讲，许多年轻的专家都做着和我同样的梦。

我的人生提供给我一个机会，以我未曾想象到的方式，去分享我的故事。不论是拜访邻近的聚会，还是回到加州的家乡，或是停驻于世界的中途，总是有那么一群与我相似的人。

这就是我当前的人生。期待我的故事能够持续激励人们走向美好的生命。我也领悟到，即使极少数的人看来跟我一样，我们是紧密相连而不是分散的。有着这样的认知，我仆仆风尘于世界，诉说我的故事，我发现，不管我的听众外在如何，或者说着什么样的语言，我总是被像我一样的人群包围着。

附录 1

凯文·劳伊中国行励志演讲实录

我叫凯文·劳伊，今年 25 岁。从纽约飞到这里，原本是住在加州。虽然我只有 25 岁，但是我这一生已经经历很多的波折。我相信不只是我，其实全世界很多人都一样，经历了很多波折。今天我站在这里有一个最重要的目的：虽然我经历过那么多的事情，可是当我改变我的人生观后，我的生命就真的发生了改变，希望今天当你走出这个门的时候，也一样能够改变你的观点。

在开始之前，我想问一下，有没有人可以猜我身高多少厘米？好，你们都知道答案：211厘米。还有一个，当你们看到我时，就会想问的一个问题，我的手怎么了？事实是：当我在妈妈肚子里的时候，脐带绕脖子两圈，我的手刚好顶在脖子这个地方，像这样顶在这里，所以我才没有失去生命。对我来讲，我的左手像是化妆的祝福。当我出生的时候，我的父母看到我，是两个截然不同的反应。我爸爸是一个赛车选手，跟我一样是个运动员，很高大。他觉得，生出一个这样的小孩，以后怎么办？怎么教养他？我知道每一个人，在座的每一个人，都有你的过去。我在一个破碎家庭成长，4 岁时父母离婚，所以有时候住在爸爸家，有时候住在妈妈家，有时候住在别人家。因为这样，我们常常搬家，导致我在学校跟不上进度。所以，很多人都觉得好像我很笨，需要一些特别教育。因为我在一个破碎的家庭成长，在家里其实没有人真的能教导我，或者是给我一个系统性教学，所以我到三年级时还没有办法正常阅读。记得之前有一次老师叫我起来读书，因为我读得不好，同学就笑我，同学一笑我，我就很生气，于是我就把书往墙壁上一丢，跑了出去。结果，校长、老师在学校附近到处找我，事实上我已经跑回家去了。结果，他们打给警察，说我们有一个红头发的独臂小孩不见了。还不只这样，在我7岁的时候，爸爸被诊断出癌症，在接下来几年的时间里，我看到爸爸的身体越来越衰弱，甚至在10岁的时候，我目睹他在我们家的客厅过世。我来这里不是要告诉你们很悲惨的故事，让你们每一个人都觉得很沮丧，这不是我的目的。

我要讲的是，每一个人都需要知道自己的出身，我的背景看起来其实不是很好，你会发现当时我周围的人都拒绝我，也不能接纳我这个人。可是那时候我非常喜欢运动，而且我是一个棒球投手。我记得，那时候在扬基队有一个独臂的投手，他是我的英雄。你知道吗？我10岁的时候，就已经有170厘米。因为我真的很高大，我有个好朋友就说我应该去打篮球。当我七年级的时候，他叫我去校队试试看，那时我已经192厘米了，所以就答应去试一下。我们在那里练球，打了一下那个教练就把我叫到旁边去，跟我讲篮球是两只手的人玩的，你不能够打篮球。他这样讲真的让我整个心都碎了，因为我这一生已经经历太多的挫折，我根本不想看镜子，我不想看到自己和自己的手。但是，七年级的时候，虽然这边的学校不接受我，另外一个地方有个城市，那里的教练听到有关我的事情，就邀请我到他的球队去打球。这个教练对我做的最重要的一件事是：他改变了我的人生观，改变了我对自己的看法。有一次我们在打球的时候，这个教练问我说："凯文，你为什么不好好用你的手臂？你的'左手'。"我就跟他说："什么？我好像连手都没有，你到底在讲什么？"他说："这就是你的秘密武器。"如果有对手过来，我就用这个"nub"去顶他。对不对，没有规则说不行。所以，从此以后我爱上我的nub，我开始去接纳它。曾经这是我最大的缺点，可现在这成了我最大的优势。当我八年级回到学校打球时，我不只是在球队打球，还成为最佳球员。我发现，只要在球场上，我就非常认真、非常努力；当我越认真越努力，就会有越多的人欣赏我，感谢我；当越多人接纳我的时候，我也越能接受自己，我就成了一个越快乐的人。我开始有一个想法，就是说我要成为一个不断去发展、去发挥自我潜能的人。那你看，我以前，是那个到三年级都没有办法好好阅读的人，可是在高中的时候，我是最好的学生。我是那个以前教练都不要、不接受的人，可到高中的时候，我可是整个加州的最佳球员之一。当你非常努力朝着你的梦想和目标前进时，别人就会注意到你。

在我高中二年级的时候，有一个摄影团队，无论我走到哪里都拍摄我，他们打算拍属于我的纪录片。从我 15 岁那年，他们就开始跟拍我，一直拍了 7 年，到我 22 岁才拍完。那个时候，因为我篮球实在打得太厉害，整个美国的媒体都注意到我。同样是高中二年级那年，有位我不认识的女士打电话给我，在电话那头，她一边讲一边哭，根本讲不出完整的话来，我就问说：“对不起，你还好吧？”她用哽咽的声音告诉我：“我儿子出生时，跟你一样。他现在读小学二年级，在学校常常被同学欺负，都觉得他是不是有什么病还是怎么样，没有人愿意跟他玩。”所以，这个小朋友每天回到家就哭，由于妈妈非常爱她儿子，每天看到儿子回家都这样哭，妈妈感到很难过。她在新闻上看到我的故事，就打电话给我，希望我能到她儿子学校演讲。后来，我就到了她儿子学校演讲，学生们看我如何系鞋带，我也打了一下篮球，我还用了我的 nub 去顶一下他们，让他们知道我的厉害。后来，我在带去的一个小篮球上签名送给那个小孩。一个礼拜后，这个妈妈又打来电话，在电话那头还是哭哭啼啼，我就问她说：

“你还好吧？我上个礼拜才去过你孩子的学校，不可能每个礼拜都去。”然后，她跟我说，这可是喜极而泣的眼泪，她儿子现在是全校的风云人物，全校的人都希望像他一样做一个独臂侠。她告诉我，我去做这件事对她的孩子影响有多么大，因为这个小孩每天抱着我送给他的篮球睡觉。

在我高中的时候，有一个同学得了一种罕见的疾病，手脚会长大，可是身体不会长大。但是，他有两个朋友，和大家一样，都有两只手，但不是篮球选手，这两个朋友在他一台小车子上面挂了一面学校旗子，旗子上也有学校的标志。只要是足球赛或橄榄球赛开始之前，就让他的小车在球场先绕一圈。你知道吗，当他这样做的时候全场轰动，这个效果实在太好了。所以后来不管是篮球比赛，或是其他比赛，在开始之前，他都会先去绕场一周。身为一个篮球运动员，当我发现在上面打球不是为了自己，不是为别人，而是为他的时候，这件事真的是意义深远。

因为我篮球实在打得太好，当我高中的时候，成为一期运动杂志的封面人物。你现在想象一下，在我高中三年级，有一天在上课，有人打我手机，可这号码我没有见过，不知道是谁。刚好老师转过身没有看我，所以我在课堂上偷偷接了电话，因为我真的想知道，到底谁在这个时间打来。当然小朋友们，学生不应该这样做，上课接电话是不对的。可是我真的很好奇到底是谁。对方问，你是凯文·劳伊吗？我说是。他说，这里是美国白宫打来的，然后我就把它挂了。正常来说，我不应该挂白宫的电话，但我真的把它给挂了，我觉得这是我朋友们故意整我的。后来电话又打来了，真的是白宫打来的，他跟我说，美国总统在杂志上看到关于我的事情，问我想不想跟总统见个面。你知道吗，那年我才 18 岁，我就说让我看看行程表再说。大概一个月之后，美国总统坐着“空军一号”飞到旧金山机场与我们见面。那一天当我还在学校的时候，你大概能说得出名字的美国有名电视台都从窗户的那一边拍我，之后有警察偷偷地把我们带到旧金山机场。美国总统的“空军一号”降落后，总统在楼梯上用官方的方式和我们打招呼后，慢慢地走下来。我们站在下面等他，当他下来后，我父母与他握手，他还把那个以我为封面人物的杂志拿出来，签名后送给我。但是，天有不测风云。为什么这么说？因为当天晚上我在学校还有一个重要的比赛，和总统见完面后，要马上赶回学校比赛，所以，根本没时间热身。由于时间太赶了，我在车上就换衣服，一到学校就马上下场比赛，当我灌篮的时候，由于落地姿势有问题，我的脚当场就严重受伤，我被紧急送到医院，当我坐在急诊室的轮椅上看电视时，每一个新闻都在播放当天我跟美国总统见面的画面。可是我当时却坐在轮椅上，断了一条腿，所能够做的事情就只有一只手像这样转圈圈了，因为我没办法往别的方向转。对于我来讲，那个时候，一生中最重要的就是打篮球，这就是我的梦想，我的目标。在这之前，已经开始有一些大学球队愿意招募我打球，但当我的腿断了以后，这些人通通都不见了，没有人再要我了。这个时候，我已经完全不晓得这一生要做什么了，我的未来会怎样？我过去那么认真，那么努力就是为了篮球，现在这个梦没了，该怎么办。

但是我很幸运，七年级那时接我去他球队打篮球的教练到我家看望我。他跟我讲，我打篮球不只是为自己，而是为了在全世界有很多不认识我的人，他们可以因为我得到激励，我是为了他们打球的。他跟我讲，你要么选择放弃，从此就什么都没有了，要么你选择更努力，重新再站起来。我觉得我是这样子的，我有梦想，有目标，我想去追求，所以我不想因为这样的原因就给自己找借口。后来，他安排我去一个军事学校读书，虽然那还不算是一个大学，可在那里有机会再申请拿到大学奖学金。在这样的军事学校里，你要知道，是非常非常严格的，生活很辛苦，却是锻炼一个人最好的地方，同时可以跟很多很优秀很厉害的未来NBA球员打球。当我在这个军事学校的时候，加州那边有另一个学校，非常好非常漂亮的学校，可以给我全额奖学金——这就是我的梦想，能够去一个学校，他们为我负担全额奖学金，让我能够专心在那里打球，又能够接受教育。于是，我从这个地方飞到加州跟父母汇合，然后他们带我去学校，我看到所有的教练都在停车场那个地方，我找到总教练后向他走过去，准备和他握手，那时总教练在讲电话，他的语气非常生气，看到我的时候，他就把电话挂掉了，然后说："凯文，还好吗？旅途愉快吗？"我说："旅途很顺利，谢谢你让我们有机会来。"他告诉我，刚刚在跟老板通电话，老板表示他们这些教练通通都被炒鱿

进入大学的时候，我的新闻被刊登在《纽约时报》的头版。那时，有个人打电话给我，说他儿子在那一周出生，出生时手跟我一样。当他看到儿子少了一节手臂时，他的反应和我爸爸一样，他说这孩子未来怎么办，怎么生活。于是，他来看我打球，我们见面后准备自我介绍，我注意到我的鞋带松开了，于是我就蹲下来系一下，我很快就系好站起来。当我站起来时，发现这位站在我面前的男士泪流满面。我说："先生，您还好吧？不过系个鞋带而已，也没什么。"他看着我，真的说不出话，后来用一个哽咽的声音说："我相信我的孩子将来没有什么做不到的。"

好莱坞有一个很大的制片公司，他们准备以我的故事拍一个自传电影。可是，我仍然是那个在成长过程当中一直都不被看好、被欺负的小孩。但是，因为我相信自己，所以当这个世界跟我说我不会有什么成就时，我说你们看着吧。

2015 年 6 月 13 日 于深圳华夏艺术中心

附录 2

2015 年媒体报道（节选）

在没有见到他之前，你不会相信，独臂灌篮高手的存在，当你见到他之后，你才会明白——没有什么是不可以。

——《晶报》记者钱擎

他们接纳自己、肯定自己、“学会和自己的身体和平共处”的信念及幽默、向上、永不放弃的阳光心态令人由衷佩服。

——《深圳新闻网》记者易晓春

如果只剩下一条胳膊，日常生活中你会是一个怎样的人？笑，大概是一种不常见的选择。从小在挖苦声中长大，做任何事情比平常人要辛苦一倍，还怎么开心得来？……“独臂侠”扎克·霍德金斯和托格里姆·索末菲都和劳伊一样，都是身“残”志坚，且有着一身篮球绝活的年轻人。

——《深圳晚报》记者黄文

伤健运动员不屈不挠、突破自身限制的故事看过很多，亦写过很多，无论看过多少次，仍会被他们的毅力震撼，被他们的故事感动得措手不及……Kevin的故事鼓励Zach追逐篮球梦，影响了相同遭遇的年轻人。接纳上天给你的样子，会发现原来每个人都独一无二，

Kevin、Zach 及 Torgrim 组成三人篮球队开展他们的篮球之旅，善用个人“天赋”，与群众分享他们传奇又励志的一生。

——香港《Sportsoho》杂志

生活可以击倒任何人，但问题是：你可以重新站起来吗？Kevin 和 Zach 虽然都失去左前臂，但是却在言传身教如何在残酷的现实中继续追求他们的梦想。

——《深圳英文报》记者张茜

凯文每一次巧妙的传球、机智的抢断、准确的投篮，都能引爆全场，那一刻，“独臂”已经被大家忽略。

——《钱江晚报》记者宗倩倩

附录 3

台湾访谈节目（节选）

主持人：你如何面对取笑你的小孩子？

凯文：一开始很困难，我其实很少被欺凌，因为我身材高壮，没什么人敢对我挑衅。但我就是无法理解，生来就如此与众不同的原因，这是我小时候遇到的困难，尤其是心理上很难调适，我不了解这一切的原因何在。

主持人：有些需要两只手才能做的事，哪些对你来说很困难？

凯文：我花了很长时间学会切牛排，但我学会用右手把叉子放好，把左手放上去，然后切牛排。其实没有太多事情我不能做，我朋友也教我弹钢琴。唯一我不能做的一件事情，是游戏区的单吊杠吧。

主持人：当你遇到失败，是什么信念让你坚持下去？

凯文：人生常会遇到挫折，在我的看法中有两种选择，你可以放弃，也可以找到方法成功。

主持人：运动有助于转移你的情绪吗？

凯文：帮助很大，我很小就进入足球队，我爸妈觉得那是最适合我做的运动，因为不需要用到手。一开始是踢足球，但我不是很喜欢。后来父母把我送进棒球队，我是投手，那时候我稍微大了一点，身高也一直增长，到了 10 岁时我已经有 5 英尺 10 英寸高。在我 12 岁时我开始打篮球，那时候已经 6 英尺高了，有个好朋友要我去七年级篮球队试试看，我答应了，就去试试看。那时候我又高又壮，但教练还是淘汰我，他说这是要用两只手的运动，“你不能打篮球”。因为妈妈对我的人格培养，我需要做一般人做的事，我可以完成任何事情，我得学习系鞋带，我克服了很多障碍，却有人对我说，“你做不到”。这是我第一次受到冲击，我没有放弃，反而更想要去打球，我根本不想放弃，打篮球变成我的梦想，想要打得更好，我想要证明那个教练是错的。第二则是想要证明给自己看，我什么都做得到。

主持人：你算是比较晚起步的篮球选手，而且你无法双手运球，学了多久才能顺利单手运球？

凯文：因为我的手很大，所以抓住篮球对我来说很容易，我也学会换手运球，先用右手运球，然后再左手把球运回来，我也学会用单手做交叉运球。因为我够高也有力，虽然左臂看起来不够强壮，但其实不然，我可以用“左手”把其他球员推开。一出生我就没有左手，但我本来却是左撇子，我怎么知道的呢？是医生告诉我的，他说因为我是举起左手，往往因为被脐带压迫而失去左手的人，表示那是他们在母体中最喜欢使用的手。我在母体中也是用左脚踢，那是我的天生倾向，这也是一个祝福，让我可以更协调。因为我要用右手做所有的事情，天生我是左撇子，但却必须学习用右手。

主持人：当队友传球的时候，你如何接球？

凯文：要看当时怎么传的，我可以轻易地用右手抓住球，抓篮板球也是，我会直接用右手抓住保护球。如果没抓到，我会试图往身上推，把球顶住再抓。我很少会失误，因为我很高，我有 6 英尺 11 英寸。身为篮球球员，主要是一定要学习脚步站稳，要站在其他人可以把球传给我的位置。

主持人：你在球场上最擅长的技巧是什么？

凯文：一开始是防守，在高中时期我是全加州最顶尖的防守球员。天生阻攻很强，后来我成为抢篮板高手，看对方从哪个角度，距离多远，就知道球会打到篮球筐哪一边。接着我也学会勾射，比较容易灌篮，进攻技巧更进步了。

主持人：你跟其他队友的默契怎么培养？

凯文：不论在哪种球队中都要花时间才能发展出团队合作精神，每个人都了解其他人的优缺点，可以互相支援，成为最棒的队友。虽然我遇过很多困难，但是我一直担任队长。今年我只有23岁，很多人不相信，但我有领袖特质。只要我待过的球队，我多半都是队长，所以要带领大家团结一起。

主持人：怎么取得队友的信任？

凯文：让他们看见我的能力，当我打得越来越好，这就不是件难事了。无论做什么事情，当你追求卓越，就会有人愿意跟随你。

主持人：所以当你重新振作起来，你选择了一条不一样的路，去读了军校。

凯文：对，那是当时唯一的机会，那个军校有一个篮球精英训练课程，那个训练课程很棒。那一年有146人报名，只有12个人被选上，如果你可以考上，大概就一定能拿到大学体育奖学金。这么一来，吃的、学费、教材费、住宿费都全包了。那是我的梦想、目标，也是我想做的事情，所以在我摔断腿之后，我再次来到一个十字路口。

主持人：你也要接受军事训练吗？

凯文：要啊，90%以上的时间我们要接受军事训练，剩下10%的时间可以练习篮球。除了睡觉，就没时间做别的事情了。我没有手机，也不能上网，完全无法跟外界联络，当时离家3000英里，只能通过书信跟父母联系，很寂寞也很难熬。

主持人：可以谈谈第一级的竞争到底有多么激烈吗？

凯文：非常非常激烈，同一辈的球员都很优秀，很有打球的天分。他们来自全世界各地，我的室友是挪威最厉害的球员，他被招募进学校里。我们还有非洲来的球员，还有来自全美各地的人被招募进球队。球队都很严格，很少人可以晋身这个层级，林书豪的情况和我很像，他是很优秀的球员，但也没有得到奖学金。能够完成我的梦想，是我最开心的一件事情。

主持人：成为篮球球员的过程中，谁是你的榜样？

凯文："天勾"贾巴尔，他是NBA明星球员，他身材高大，以勾射投篮著称。我小时候以及在军校队时，是根据他的打法受训的。去年 10 月我有机会在纽约见到他，我们交谈了很久，我很惊讶可以跟我的篮球技法的始祖见面，我感谢他。他看着我，也看着我的手。他说：“凯文，我有个问题想要问你，我不明白你是怎么打球的，我真的不明白。”我对他微笑，我用“左手”用力戳他一下。他突然惨叫了一声，“好痛，我的‘天勾’跟你比起来差太多了，你要保持下去。”可以跟我的英雄见面，是我觉得最棒的一次经历。

主持人：我听说有位女士，通过脸谱写了一封信给你。

凯文：是的，在脸谱上有一位女士私信到我的粉丝页。她向我道歉，那私信很长。她道歉的原因是一周之前，她做产检，医生告诉她肚子里的小孩出生会有残疾，于是她决定把孩子拿掉。堕胎后，她在电视上看到我，于是写了一封信给我，我可以感受到她边写边哭，她很悲伤，她说："我之所以把孩子拿掉，是因为我觉得他一辈子都会因为残疾而不快乐。如果我早看到你的报道，知道你的故事，我绝对不会堕胎，我的孩子就会仍然活着。"我没见过这位女士，这个故事很令人伤感，但我们联络了一段时间，她想办法走出悲伤，后来她参与了反堕胎的运动，用不同的方式去帮助别人。

主持人：凯文，你的篮球生涯到大学毕业后就停止了，那现在你都在做些什么？

凯文：我在全世界各地做励志演讲，还有打一点篮球。我被指派成为特殊奥运的委员。今年6月派我参加明星赛，跟姚明对打，应该会很有趣，他身材超高大的。我也开始跟联合国合作，成为亲善大使。我很幸运，因为我的故事能够帮助别人，这是一趟很奇妙的旅程。

插画：王兆玺(Charles Wang)